DIE FLEISCHBÄLLCHEN-KOCHBUCH-BIBEL

100 köstliche Variationen von Frikadellenrezepten

Bea Körtig

Alle Rechte vorbehalten.

Haftungsausschluss

Die in diesem eBook enthaltenen Informationen sollen als umfassende Sammlung von Strategien dienen, über die der Autor dieses eBooks recherchiert hat. Zusammenfassungen, Strategien, Tipps und Tricks sind nur Empfehlungen des Autors, und das Lesen dieses eBooks garantiert nicht, dass die Ergebnisse genau die Ergebnisse des Autors widerspiegeln. Der Autor des eBooks hat alle zumutbaren Anstrengungen unternommen, um den Lesern des eBooks aktuelle und genaue Informationen bereitzustellen. Der Autor und seine Mitarbeiter haften nicht für unbeabsichtigte Fehler oder Auslassungen, die möglicherweise gefunden werden. Das Material im eBook kann Informationen von Dritten enthalten. Materialien von Drittanbietern enthalten Meinungen, die von ihren Eigentümern geäußert wurden. Daher übernimmt der Autor des eBooks keine Verantwortung oder Haftung für Materialien oder Meinungen Dritter.

Das eBook ist urheberrechtlich geschützt © 2021 mit allen Rechten vorbehalten. Es ist illegal, dieses eBook ganz oder teilweise weiterzugeben, zu kopieren oder abgeleitete Werke daraus zu erstellen. Kein Teil dieses Berichts darf ohne die schriftliche ausdrückliche und unterzeichnete Genehmigung des Autors in irgendeiner Form reproduziert oder erneut übertragen werden.

INHALTSVERZEICHNIS

INHALTSVERZEICHNIS 4

EINLEITUNG 8

VEGANE FLEISCHBÄLLCHEN 11

   1. Tofu-Bällchen 12
   2. Vegane Frikadellen-One-Pot-Pasta 15
   3. Im Ofen gebackene vegane Fleischbällchen 18
   4. Fleischlose Frikadellen 21
   5. Vegetarische Fleischbällchen 24
   6. Zitronen-Oregano-Fleischbällchen 27
   7. Linsenfrikadellen 30
   8. Nachahmer Ikea Gemüsebällchen 32
   9. Quinoa-Fleischbällchen 35
  10. Pikante Kichererbsen-Fleischbällchen 38
  11. Vegane Pilz-Fleischbällchen 41
  12. Spaghetti mit veganen Fleischbällchen 44
  13. Gemüsebällchen-Sub 47

LAMMFLEISCHBÄLLCHEN 50

  14. Marokkanische Frikadellen 51
  15. Persische Lammfleischbällchen 54
  16. Ungarische Frikadellen 57
  17. Lammfleischbällchen aus dem Nahen Osten ... 60
  18. Ägyptische Kefta 62

WILDE FLEISCH-FLEISCHBÄLLCHEN 64

  19. Koreanische Fleischbällchen 65
  20. Wildfleischbällchensuppe 68
  21. Elchcocktail-Fleischbällchen 71

RINDFLEISCHBÄLLCHEN 73

22. HERBSTFRIKADELLEN 74
23. MESSENBALL STROGANOFF 77
24. KARIBISCHE FRIKADELLEN 80
25. CURRY-FRIKADELLEN 84
26. FRANZÖSISCHE ZWIEBELFLEISCHBÄLLCHEN 87
27. AHORN-FRIKADELLEN 90
28. FLEISCHBÄLLCHEN-HIRTENPASTETE 93
29. SPAGHETTI-FRIKADELLEN-TORTE 96
30. SCHARFE ASIATISCHE FRIKADELLEN 100
31. FRIKADELLEN & SPAGHETTISAUCE 103
32. FLEISCHBÄLLCHEN MIT NUDELN IN JOGHURT 106
33. STRACCIATELLE MIT FRIKADELLEN 109
34. FLEISCHBÄLLCHEN-RAVIOLI-SUPPE 112
35. BULGARISCHE FLEISCHBÄLLCHENSUPPE 115
36. FLEISCHBÄLLCHEN UND WÜRSTCHEN 118
37. MANHATTAN-FRIKADELLEN 120
38. VIETNAMESISCHE FRIKADELLEN 123
39. SCHWEDISCHE FLEISCHBÄLLCHEN-VORSPEISEN 126
40. AFGHANISCHE KÖFTE 129
41. POLYNESISCHE FRIKADELLEN 131
42. GRIECHISCHE FLEISCHBÄLLCHEN 134
43. SCHOTTISCHE FLEISCHBÄLLCHEN 136
44. HAWAIIAN FLEISCHBÄLLCHEN 139
45. UKRAINISCHE FRIKADELLEN "BITKI" 142
46. RUSSISCHE FLEISCHBÄLLCHEN 145
47. MEDITERRANE FRIKADELLEN 148
48. GRIECHEN FLEISCHBÄLLCHEN 151
49. EINFACHE SCHWEDISCHE FLEISCHBÄLLCHEN 154
50. GHANA-FRIKADELLENEINTOPF 157
51. VORSPEISE FRIKADELLEN AUS FERNOST 160
52. LIBANESISCHE FRIKADELLEN 163
53. KANTONESISCHE FLEISCHBÄLLCHEN 166

54.	FESTLICHE COCKTAIL-FRIKADELLEN	169
55.	CRANBERRY-COCKTAIL-FRIKADELLEN	172
56.	WEIN FRIKADELLEN	175
57.	CHULETAS	178
58.	CHAFING DISH PARTY FRIKADELLEN	180
59.	HEIßE FLEISCHBÄLLCHEN-SANDWICHES	183
60.	FLEISCHBÄLLCHEN-AUBERGINEN-SUBS	185
61.	SANDWICHES MIT FLEISCHBÄLLCHEN	188
62.	FLEISCHBÄLLCHEN-AUBERGINEN-SUBS	191
63.	MEXIKANISCHE TORTILLA-FRIKADELLENSUPPE	194
64.	ZITRONEN-FRIKADELLENSUPPE	197
65.	MEDITERRANE GEFÜLLTE FRIKADELLEN	200
66.	MIT OLIVEN GEFÜLLTE FLEISCHBÄLLCHEN	203
67.	SAUERKRAUTBÄLLCHEN	206
68.	ITALIENISCHER FLEISCHBÄLLCHEN-EINTOPF	209
69.	BULGARISCHE FLEISCHBÄLLCHENSUPPE	212
70.	ORIENTALISCHER FRIKADELLENSALAT	215
71.	MIT SPECK UMWICKELTE FLEISCHBÄLLCHEN	218

SCHWEINE- UND RINDFLEISCH-MIX 220

72.	MESSBÄLLCHEN IN SAHNESAUCE	221
73.	SOPA DE ALBONDIGAS	224
74.	CHIPOTLE VORSPEISE FRIKADELLEN	227
75.	KALIFORNISCHE FLEISCHBÄLLCHEN & PAPRIKA	230
76.	DEUTSCHE FLEISCHBÄLLCHEN	233
77.	SKANDINAVISCHE FRIKADELLEN	236
78.	BELGISCHE FRIKADELLEN IN BIER GESCHMORT	239

TÜRKEI & HÜHNERFLEISCHBÄLLCHEN 242

79.	GEBACKENE RIGATONI & FRIKADELLEN	243
80.	GEBACKENE PENNE MIT PUTENFLEISCHBÄLLCHEN	246
81.	FLEISCHBÄLLCHEN UND ABKÜRZUNG MAKKARONI	249
82.	NORWEGISCHE HÜHNERFLEISCHBÄLLCHEN	252

83.	Putenfleischbällchen Spaghetti	255
84.	Französische Frikadellen	258
85.	Pute und gefüllte Frikadellen	261
86.	Mit Käse gefüllte Fleischbällchen	264
87.	Hähnchensalatbällchen	267

SCHWEINEFLEISCHBÄLLCHEN 269

88.	Mozzarella-Krapfen und Spaghetti	270
89.	Walisische gegrillte Fleischbällchen	273
90.	Knusprige deutsche Frikadellen	276
91.	Mexikanische Fleischbällchen	279
92.	mBällchen in Traubengelee essen	282
93.	Scharfe Thai-Frikadellen mit Nudeln	285
94.	Asiatische Frikadellensuppe	288
95.	Italienisches Fleischbällchen-Sandwich	291
96.	Dänische Fleischbällchen	294
97.	Indonesische Fleischbällchen	297
98.	Hamburger-Bällchen mit Süßkartoffeln	300
99.	Ingwer Frikadellen und Brunnenkresse Suppe	304
100.	Dänische Frikadellen mit Gurkensalat	307

FAZIT 310

EINLEITUNG

Ein Fleischbällchen ist ein Lebensmittel, das sich selbst definiert: Es ist buchstäblich ein Fleischbällchen. Aber bevor Sie anfangen, Hackfleischklumpen in eine Pfanne zu schaufeln und Ihr trauriges Abendessen „Fleischbällchen" zu nennen, gehen wir einen Schritt zurück.

Lerne, wie du einfache Frikadellen zu Hause selbst machst und so garst, dass sie außen perfekt gebräunt, aber in der Mitte noch saftig sind. Hier sind einige Tricks und Tipps für perfekte Frikadellen:

Das Hackfleisch

Sie können jedes beliebige Hackfleisch oder eine beliebige Hackfleischmischung verwenden. Der Liebling der Fans ist eine Mischung aus Rind- und Schweinefleisch. Lamm, Truthahn, Huhn, Kalb oder Büffel sind ebenfalls Freiwild.

Paniermehl & Milchbinder

Ein Trick, um sicherzustellen, dass Fleischbällchen nach dem Garen ganz zart sind, besteht darin, ein Bindemittel zu verwenden. Dieses Bindemittel trägt dazu bei, den Fleischbällchen Feuchtigkeit zuzuführen und verhindert auch, dass die Fleischproteine schrumpfen und zäh werden.

Vermeiden Sie Überarbeitung des Fleisches

Ein weiterer Trick, um Fleischbällchen zart zu machen, besteht darin, das Fleisch nicht zu stark zu bearbeiten – mischen Sie das Fleisch mit dem Bindemittel und anderen Zutaten, bis sie miteinander verbunden sind.

Braten vs. Köcheln der Fleischbällchen

Sie haben zwei Möglichkeiten: Braten oder in einer Sauce köcheln lassen. Braten ist die beste Option, wenn Sie die Fleischbällchen in etwas anderem als einer Sauce servieren oder die Fleischbällchen für später einfrieren möchten. Das Braten verleiht den Frikadellen auch etwas mehr Geschmack, da die Außenseite in der Hitze des Ofens anbrennt.

Wenn Sie die Frikadellen mit einer Soße servieren möchten, können Sie die Frikadellen auch direkt mit der Soße kochen. Dieses sanfte Köcheln macht nicht nur einige der zartesten und schmackhaftesten Frikadellen, die Sie je gegessen haben, sondern die Sauce wird dabei auch reicher und herzhafter.

VEGANE FLEISCHBÄLLCHEN

1. Tofu-Bällchen

Zutaten:

- 6 Tassen Wasser; Sieden
- 5 Tassen Tofu; zerbröckelt
- 1 Tasse Vollkornbrösel
- $\frac{1}{4}$ Tasse Tamari
- $\frac{1}{4}$ Tasse Nährhefe
- $\frac{1}{4}$ Tasse Erdnussbutter
- Ei-Ersatz für 1 Ei
- $\frac{1}{2}$ Tasse Zwiebel; fein gehackt
- 4 Knoblauchzehen; gedrückt
- 1 Teelöffel Thymian
- 1 Teelöffel Basilikum
- $\frac{1}{4}$ Teelöffel Selleriesamen
- $\frac{1}{4}$ Teelöffel Gewürznelken; Boden

Richtungen:

a) Alles bis auf 1 Tasse des zerbröckelten Tofus in das kochende Wasser geben. Drücken Sie den Tofu.

b) Die restlichen Zutaten zum gepressten Tofu geben und gut vermischen.

c) Aus der Masse walnussgroße Kugeln formen und auf ein gut geöltes Backblech legen.

d) Bei 350 Grad 20-25 Minuten backen oder bis die Kugeln fest und braun sind. Während des Backens bei Bedarf einmal wenden.

2. Vegane Frikadellen-One-Pot-Pasta

Zutaten:

- 250g Blumenkohlröschen, gekocht
- 200 g gefrorener gehackter Spinat, aufgetaut
- 400g Dose schwarze Bohnen, abgetropft
- 2 Knoblauchzehen, zerdrückt oder gerieben
- 2 Teelöffel Sojasauce
- 1 Teelöffel gemischte getrocknete Kräuter
- 150 g Haferflocken
- Soße

Richtungen:

a) Die Blumenkohlröschen in einem Topf mit kochendem Wasser kochen.

b) Blumenkohl in eine Schüssel reiben und dann Spinat, Bohnen, Knoblauch, Sojasauce und gemischte Kräuter hinzufügen. Die Mischung mit einem

Kartoffelstampfer zu einer groben Paste verarbeiten.

c) Die Haferflocken zu einem feinen Pulver pürieren, dann in die Schüssel geben und vermischen. Rollen Sie die Mischung zu Kugeln.

d) Die Gemüsebällchen portionsweise goldbraun braten. Die Sauce in die Pfanne geben und die getrockneten Nudeln darauf verteilen. Backen

3. Im Ofen gebackene vegane Fleischbällchen

Zutaten:

- 1 Esslöffel gemahlene Leinsamen
- 1/4 Tasse + 3 Esslöffel Gemüsebrühe
- 1 große Zwiebel, geschält und in Viertel geschnitten
- 2 Knoblauchzehen, geschält
- 12oz (0,75lb)/340g Impossible Burger Pflanzenfleisch
- 1 Tasse Semmelbrösel
- 1/2 Tasse veganer Parmesankäse
- 2 EL frische Petersilie, fein gehackt
- Salz und Pfeffer nach Geschmack
- Speiseölspray (beim Kochen auf dem Herd)

Richtungen:

a) Zwiebel und Knoblauch in eine Küchenmaschine geben und pürieren.

b) In eine große Rührschüssel Leinsamenei, 1/4 Tasse Gemüsebrühe, pürierte

Zwiebel und Knoblauch, Impossible Burger Pflanzenfleisch, Semmelbrösel, veganen Parmesankäse, Petersilie und eine Prise Salz und Pfeffer geben. Gut mischen, um zu kombinieren.

c) Aus der veganen Frikadellen-Mischung 32 Kugeln formen.

d) Vegane Frikadellen auf das mit Backpapier ausgelegte Backblech legen und im Ofen etwa 10 Minuten goldbraun backen.

4. Fleischlose Frikadellen

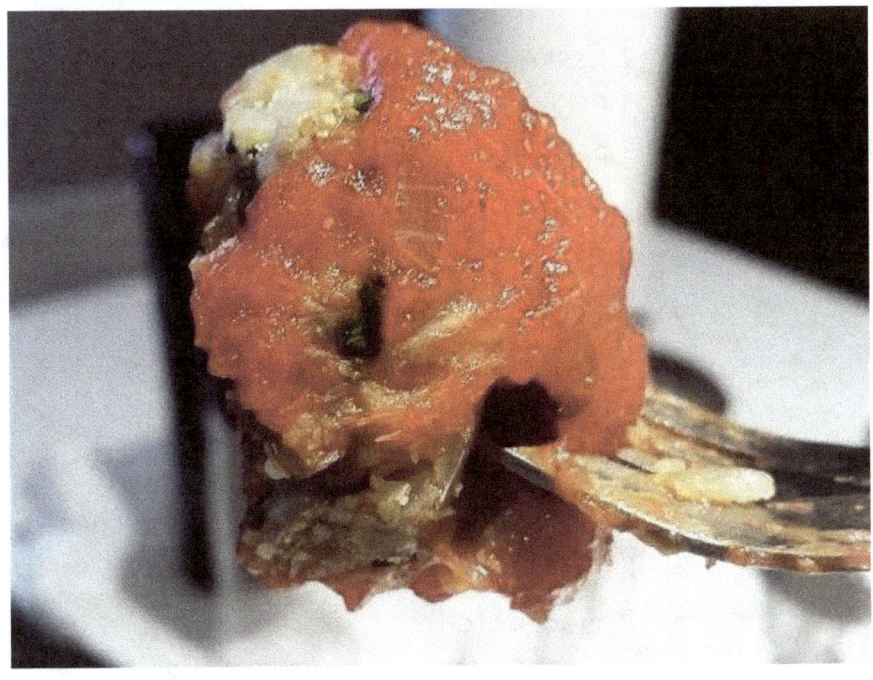

Zutaten:

- 1 Esslöffel Olivenöl
- 1 Pfund frische weiße Champignons
- 1 Prise Salz
- 1 Esslöffel Butter
- $\frac{1}{2}$ Tasse fein gehackte Zwiebel
- 4 Knoblauchzehen, gehackt
- $\frac{1}{2}$ Tasse schnell kochender Hafer
- 1 Unze sehr fein geriebener Parmigiano
- $\frac{1}{2}$ Tasse Semmelbrösel
- $\frac{1}{4}$ Tasse gehackte glatte (italienische) Petersilie
- 2 Eier, geteilt
- 1 Teelöffel Salz
- frisch gemahlener schwarzer Pfeffer nach Geschmack
- 1 Prise Cayennepfeffer oder nach Geschmack
- 1 Prise getrockneter Oregano
- 3 Tassen Pastasauce
- 1 Esslöffel sehr fein geriebener Parmigiano
- 1 Esslöffel gehackte glattblättrige (italienische) Petersilie oder nach Geschmack

Richtungen:

a) Olivenöl in einer Pfanne bei mittlerer Hitze erhitzen. Champignons in das heiße Öl geben, mit Salz bestreuen und kochen und rühren, bis die Flüssigkeit aus den Champignons verdampft ist.

b) Butter in die Champignons rühren, Hitze auf mittlere Stufe reduzieren und die Champignons ca. 5 Minuten goldbraun braten und rühren

5. Vegetarische Fleischbällchen

Zutaten:

- 1 Tasse getrocknete Linsen (oder 2 1/2 Tassen gekocht)
- 1/4 Tasse Olivenöl
- 1 kleine Zwiebel, etwa 1 Tasse gehackt
- 8 oz Cremini-Pilze
- 3 Knoblauchzehen, gehackt
- 1 1/2 Tasse Panko-Semmelbrösel
- Prise italienische Gewürze & Cayenne
- 2 1/2 Teelöffel Salz, geteilt
- 2 Eier
- 1 Tasse Parmesankäse

Richtungen:

a) In einer großen Schüssel Tomatenhälften zusammen mit 1 Teelöffel italienischem Gewürz, 1 Teelöffel Salz und 1/4 Tasse Olivenöl vermischen.

b) Die Champignons in einer Küchenmaschine pulsieren, bis sie etwa erbsengroß sind.

c) Wenn das Öl heiß ist, fügen Sie die Zwiebel hinzu und braten Sie sie etwa 3 Minuten lang an, bis sie durchscheinend ist. Knoblauch und die gepulsten Champignons dazugeben und anbraten.

d) In einer großen Schüssel die Pilz-Linsen-Mischung mit Panko-Semmelbrösel und Gewürzen vermischen. Kugeln formen & backen.

6. Zitronen-Oregano-Fleischbällchen

Zutaten:

- 1 Esslöffel gemahlene Leinsamen
- 1 Esslöffel Olivenöl, plus extra
- 1 kleine gelbe Zwiebel & 3 Knoblauchzehen
- Prise Oregano, Zwiebelpulver, Tamari
- ½ Teelöffel gemahlene Chilis
- Meersalz und gemahlener schwarzer Pfeffer nach Geschmack
- 1 ½ Esslöffel Zitronensaft & -schale
- 1 Tasse Walnusshälften
- ¾ Tasse Haferflocken
- 1 ½ Tassen gekochte weiße Bohnen
- ¼ Tasse frische Petersilie & ¼ Tasse frischer Dill

Richtungen:

a) In einer kleinen Schüssel den gemahlenen Flachs und das Wasser vermischen. Die Zwiebeln anschwitzen und Knoblauch und Oregano dazugeben.

b) Nährhefe, Chili, Zwiebelpulver, Salz und Pfeffer in die Pfanne geben und etwa 30 Sekunden rühren. Gießen Sie ihren Zitronensaft ein.

c) Pulsieren Sie die Walnüsse, Bohnen und Haferflocken, bis Sie eine grobe Mahlzeit haben. Fügen Sie die Lein-Gel-Mischung, die sautierte Zwiebel-Knoblauch-Mischung, Tamari, Zitronenschale, Petersilie, Dill und große Prise Salz und Pfeffer hinzu.

d) Rollen Sie es zu einer Kugel und backen Sie die Fleischbällchen 25 Minuten lang.

7. Linsenfrikadellen

Zutaten:

- 1 gelbe Zwiebel fein gehackt
- 1 große Karotte geschält & gewürfelt
- 4 Zehen Knoblauch gehackt
- 2 Tassen gekochte grüne Linsen (ca. 3/4 Tasse trocken) oder 2 Tassen Dosen
- 2 Esslöffel Tomatenmark
- 1 Teelöffel Oregano
- 1 Teelöffel getrocknetes Basilikum
- 1/4 Tasse Nährhefe
- 1 Teelöffel Meersalz
- 1 Tasse Kürbiskerne

Richtungen:

a) Eine Kugel formen
b) Backen

8. Nachahmer Ikea Gemüsebällchen

Zutaten:

- 1 Dose Kichererbsen (Dose) 400 g / 14 oz
- 1 Tasse gefrorener Spinat
- 3 Karotten (mittel)
- ½ Paprika
- ½ Tasse Zuckermais (Dosen)
- 1 Tasse grüne Erbsen
- 1 Zwiebel (mittel)
- 3 Zehen Knoblauch
- 1 Tasse Hafermehl
- 1 Esslöffel Olivenöl
- Würze

Richtungen:

a) Alle Gemüse in eine Küchenmaschine geben und pulsieren, bis sie fein gehackt sind. Koch.

b) Fügen Sie nun gefrorenen, aber aufgetauten oder frischen Spinat, den getrockneten Salbei und die getrocknete Petersilie hinzu. Mischen und 1-2 Minuten kochen.

c) Fügen Sie die Kichererbsen-Dosen & Pulse hinzu, bis sie kombiniert sind.

d) Um Gemüsebällchen zuzubereiten, schöpfen Sie eine Kugel wie Eiscreme und formen Sie sie dann mit den Händen.

e) Die Kugeln auf ein Backpapier oder Backblech legen. 20 Minuten backen, bis sie eine knusprige Kruste haben.

9. Quinoa-Fleischbällchen

Zutaten:

- 2 Tassen gekochter Quinoa
- ¼ Tasse Parmesankäse, gerieben
- ¼ Tasse Asiago-Käse, gerieben
- ¼ Tasse frisches Basilikum, gehackt
- 2 Esslöffel frischer Koriander, gehackt
- 1 Teelöffel frischer Oregano, gehackt
- ½ Teelöffel frischer Thymian
- 3 kleine Knoblauchhandschuhe, fein gehackt
- 1 großes Ei
- 2 große Prisen koscheres Salz
- ½ Teelöffel schwarzer Pfeffer
- ¼ Tasse italienische gewürzte Semmelbrösel
- 1 Prise bis ¼ Teelöffel zerdrückte Paprikaflocken

Richtungen:

a) Alle Zutaten in einer großen Schüssel vermischen. Gießen Sie etwas Olivenöl in die vorgeheizte Pfanne.

b) Formen Sie eine Frikadelle, die etwas kleiner als ein Golfball ist, und legen Sie die Frikadelle in die Pfanne, beginnend in der Mitte. .

c) In einer Pfanne backen oder auf ein Backblech mit Rand übertragen und im vorgeheizten Ofen 25 Minuten backen.

10. Pikante Kichererbsen-Fleischbällchen

Zutaten:

- 1 Esslöffel Leinsamenmehl
- 14 Unzen Dose Kichererbsen, abgetropft und gespült
- 1 1/2 Tassen gekochter Farro
- 1/4 Tasse altmodischer Hafer
- 2 Zehen Knoblauch, gepresst
- 1 Teelöffel fein geriebene Ingwerwurzel
- 1/2 Teelöffel Salz
- 1 Esslöffel scharfes Chili-Sesamöl
- 1 Esslöffel Sriracha

Richtungen:

a) Heizen Sie Ihren Ofen auf 400 Grad Fahrenheit vor. Ein Blech mit Alufolie auslegen und beiseite stellen.

b) Kombinieren Sie das Leinsamenmehl mit 3 Esslöffeln Wasser; umrühren und 5 Minuten ruhen lassen.

c) Kichererbsen, Farro, Hafer, Knoblauch, Ingwer, Salz, Sesamöl und Sriracha in die Schüssel einer großen Küchenmaschine oder eines Mixers geben. Gießen Sie die restliche Leinsamenmischung ("Flachs-Ei") hinzu und pulsieren Sie, bis sich die Zutaten gerade verbunden haben.

d) Rollen Sie die Mischung zu einem Esslöffel Kugeln und backen Sie.

11. Vegane Pilz-Fleischbällchen

Zutaten:

- 1 Esslöffel gemahlener Leinsamen
- 3 Esslöffel Wasser
- 4 Unzen Baby-Bella-Pilz
- ½ Tasse gewürfelte Zwiebel
- 1 Esslöffel Olivenöl geteilt
- ¼ Teelöffel Salz
- 1 Esslöffel Sojasauce
- 1 Esslöffel italienische Gewürze
- 1 Dose (15 Unzen) Kichererbsen abgetropft
- 1 Tasse normale Semmelbrösel
- 1 Esslöffel Nährhefe
- 1 Teelöffel Worcestershiresauce

Richtungen:

a) Die Champignons grob hacken und die Zwiebel würfeln.

b) In einer mittelgroßen Pfanne 1 Esslöffel Olivenöl bei mittlerer Hitze erhitzen. Sobald sie heiß sind, fügen Sie die Pilze und die Zwiebel hinzu und bestreuen Sie sie mit ¼ Teelöffel Salz. 5 Minuten anbraten, oder bis die Pilze weich sind.

c) Fügen Sie die Sojasauce und das italienische Gewürz hinzu und kochen Sie noch eine Minute lang.

d) Kombinieren Sie Kichererbsen, Leinsamen, Semmelbrösel, Nährhefe, Worcestershire-Sauce und sautierte Zwiebeln und Pilze in einer Küchenmaschine mit einem Standardmesseraufsatz. Puls bis zum größten Teil abgebaut. Einige kleine Stückchen Kichererbse oder Pilz sollten noch vorhanden sein.

e) Mit sauberen Händen die Fleischbällchen-Mischung in 12 etwa tischtennisgroße Kugeln rollen.

f) 30 Minuten in einem 350-Grad-Ofen backen.

12. Spaghetti mit veganen Fleischbällchen

Zutat

- 3 Zwiebel
- ½ Pfund Champignons – in Scheiben geschnitten
- 4 Esslöffel Olivenöl
- 1 Dose Tomaten
- 1 Dose Tomatenmark
- 1 Selleriestange gehackt
- 3 Karotten gerieben
- 6 Esslöffel Butter
- 3 Eier geschlagen
- 1½ Tasse Matzo-Mahlzeit
- 2 Tassen gekochte grüne Erbsen
- 1 Teelöffel Salz & ¼ Teelöffel Pfeffer
- 1 Pfund Spaghetti, gekocht
- Geriebener Schweizer Käse

Richtungen:

a) Die gewürfelten Zwiebeln und Champignons 10 Minuten im Öl anbraten. Tomaten, Tomatenmark und Oregano dazugeben. Abdecken und bei schwacher Hitze 1 Stunde kochen. Richtig würzen.

b) Die gehackten Zwiebeln, Sellerie und Karotten in der Hälfte der Butter 15 Minuten kochen. Cool. Fügen Sie die Eier, 1 Tasse Matzenmehl, die Erbsen, Salz und Pfeffer hinzu.

c) In kleine Kugeln rollen und in die restliche Matze-Mahlzeit tauchen.

13. Gemüsebällchen-Sub

Zutat

- 1 Tasse TVP-Granulat
- 1 Tasse kochendes Wasser
- ½ Tasse Semmelbrösel
- ¼ Tasse Vollkornmehl
- ½ Teelöffel Salz
- ¼ Teelöffel Cayenne
- 1 Teelöffel Salbei
- ½ Teelöffel Fenchel
- 1 Teelöffel Oregano
- ½ Teelöffel Knoblauchpulver
- ½ Teelöffel Thymian
- 1 Teelöffel Olivenöl
- 4 U-Boot-Rollen (einzeln)
- 1 Tasse Spaghettisauce, erwärmt
- 2 mittelgroße grüne Paprika, geröstet

Richtungen:

a) Kombinieren Sie TVP und kochendes Wasser und lassen Sie es etwa 5 Minuten stehen, bis das Wasser absorbiert ist. Semmelbrösel, Mehl, Salz, Cayennepfeffer, Salbei, Fenchel, Oregano, Knoblauch und Thymian hinzufügen. Gut mischen.

b) Aus der TVP-Mischung 12 Kugeln formen. Reiben Sie Olivenöl auf die Handflächen und rollen Sie jede Kugel in Ihren Händen, um sie zu beschichten. Auf ein leicht geöltes Backblech legen und braten, bis es gebräunt ist, 10 Minuten.

c) Drei Kugeln in jede Rolle legen und mit Sauce und Paprika belegen.

LAMMFLEISCHBÄLLCHEN

14. Marokkanische Frikadellen

Zutat

- 1 Pfund Lammhack
- 1 Teelöffel Salz, ¼ Teelöffel Pfeffer
- 2 Esslöffel getrocknete Zwiebeln
- 1½ Tasse Wasser oder geschmorte Tomaten
- 3 Esslöffel süße Butter
- ½ Tasse getrocknete und pürierte Zwiebeln
- ¾ Teelöffel Ingwer, ¼ Teelöffel Pfeffer
- ¼ Teelöffel Kurkuma, 1 Prise Safran
- 1 Esslöffel gehackte Petersilie
- Kreuzkümmel, 2 Teelöffel Paprika
- Cayenne
- ¼ Teelöffel Kreuzkümmel
- 1 Teelöffel Paprika
- ½ Tasse gehackte Petersilie
- 1 Zitronensaft

Richtungen:

a) Alle Zutaten für das Fleisch mischen. Gut durchkneten und zu 1" Kugeln formen.

b) SAUCE: Alle Zutaten außer Zitrone in eine Pfanne geben. $1\frac{1}{2}$ Tasse Wasser hinzufügen und zum Kochen bringen.

c) Hitzeabdeckung reduzieren und 15 Minuten köcheln lassen. Fleischbällchen dazugeben und 30 Minuten köcheln lassen. Zitronensaft hinzufügen und sofort auf einer erhitzten Platte mit viel marokkanischem Brot servieren.

15. Persische Lammfleischbällchen

Ausbeute: 7 Portionen

Zutat

- ¾ Tasse Bulgarweizen, fein gemahlen
- 2 Tassen kochendes Wasser
- 2 Pfund Lammeintopffleisch, fein gemahlen
- ½ Tasse fein gehackte gelbe Zwiebel
- ½ Tasse Pinienkerne
- 3 Esslöffel Olivenöl
- 2 Eier, geschlagen
- 1 Teelöffel Koriander gemahlen
- 2 Teelöffel gemahlener Kreuzkümmel
- 3 Esslöffel Zitronensaft
- 2 Esslöffel frischer gemahlener Dill
- 1 Esslöffel gehackte frische Minze
- ½ Teelöffel Salz

- Gemahlener Pfeffer nach Geschmack

Richtungen:

a) In einer kleinen Schüssel den Bulgar $\frac{1}{2}$ Stunde in kochendem Wasser einweichen lassen. Gut abtropfen lassen.

b) In einer großen Schüssel die Fleischbällchen-Zutaten, einschließlich des abgetropften Bulgars, gut vermischen.

c) 1-$\frac{1}{2}$-Zoll-Kugeln formen und auf ein Backblech legen.

d) Backen Sie 20 Minuten in einem vorgeheizten Ofen bei 375oF oder bis sie gerade durch sind.

16. Ungarische Frikadellen

Zutat

- Lammfleischbällchen
- 1 Esslöffel Pflanzenöl
- 2 Zwiebeln; Dünn geschnitten
- ¾ Tasse Wasser
- ¾ Tasse Rotwein; Trocken
- 1 Teelöffel Kümmel
- 2 Teelöffel Paprika
- ½ Teelöffel Majoranblätter
- ½ Teelöffel Salz
- ¼ Tasse Wasser
- 2 Esslöffel Mehl; Ungebleicht

Richtungen:

a) Das Öl in einer großen Pfanne erhitzen. Fügen Sie die Zwiebeln hinzu und kochen Sie und rühren Sie, bis sie weich sind. Die gekochten Frikadellen, ¾ Tasse Wasser, Wein, Kümmel, Paprika, Majoranblätter und Salz hinzufügen.

b) Zum Sieden erhitzen, dann die Hitze reduzieren und abdecken. Etwa 30 Minuten köcheln lassen, dabei gelegentlich umrühren. $\frac{1}{4}$ Tasse Wasser und das Mehl mischen, unter die Saucenmischung rühren. Unter vorsichtigem Rühren zum Kochen bringen. Aufkochen und 1 Minute rühren.

17. Lammfleischbällchen aus dem Nahen Osten

Zutat

- 1½ Pfund Lammhack
- ½ Tasse Zwiebel; gehackt
- ½ Tasse frische Petersilie; gehackt
- 3 Esslöffel Mehl
- 3 Esslöffel Rotwein; (oder Wasser)
- 1½ Teelöffel Salz
- ½ Teelöffel frisch gemahlener Pfeffer
- ½ Teelöffel Piment
- ¼ Teelöffel Zimt
- ¼ Teelöffel Cayennepfeffer

Richtungen:

a) Zutaten mischen, gut mischen und zu 18 Frikadellen formen.

b) Platzieren Sie etwa 10 bis 15 cm über glühenden Kohlen oder grillen Sie etwa 15 bis 20 Minuten vor der Hitze, wenden Sie sich oft oder bis das Lamm fertig ist.

18. Ägyptische Kefta

Zutat

- 1 Pfund gemahlenes Lamm
- 1 Teelöffel Salz
- ½ Teelöffel natürlich gemahlener Pfeffer
- Brunnenkresse gehackt
- glatte Petersilie

Richtungen:

a) Kombinieren Sie Fleisch, Salz und Pfeffer, formen Sie 5 oder 6 10 cm große Ovale.

b) Auf den Spieß stecken und 5 Minuten braun grillen, wenden und auf der anderen Seite grillen. Auf einem Bett aus Brunnenkresse servieren. Reichlich mit gehackter Petersilie bestreuen. Mit Fladenbrot begleiten.

WILDE FLEISCH-FLEISCHBÄLLCHEN

19. Koreanische Fleischbällchen

Zutat

- 1 Pfund gemahlenes Wildschwein
- 2 Esslöffel Sojasauce
- 1 Prise Pfeffer
- 1 Knoblauchzehe; gehackt
- 1 Frühlingszwiebel; gehackt
- 1 Esslöffel geröstete Sesamkörner
- ½ Tasse Mehl
- 1 Ei; mit 1 EL Wasser geschlagen
- 2 Esslöffel Salatöl
- 4 Esslöffel Sojasauce
- 4 Esslöffel Essig
- 2 Teelöffel Honig oder fest verpackter brauner Zucker
- 1 Schuss flüssiges Peperoni-Gewürz
- 2 Teelöffel gerösteter Sesam oder fein gehackte Frühlingszwiebeln

Richtungen:

a) In einer Schüssel das gemahlene Wildschwein, Sojasauce, Pfeffer, Knoblauch, Frühlingszwiebel und Sesam vermischen. Das Fleisch zu Kugeln formen.

b) Beides in Mehl wenden, in die Eimischung tauchen und wieder in Mehl. Öl in einer schweren Pfanne bei mittlerer Hitze erhitzen. Gründlich kochen. Mit Dip servieren.

20. Wildfleischbällchensuppe

Zutat

- ½ Pfund mageres Wild oder Lamm,
- Zweimal mahlen
- ½ Tasse gekochter Reis
- ¼ Tasse fein gehackte Zwiebel
- ¼ Tasse fein gehackte Petersilie
- 2 Dosen Kondensierte Hühnerbrühe
- (jeweils 10-1 / 2 Unzen)
- 2 Dosen Wasser
- ⅓ Tasse Zitronensaft
- 2 Eier
- Salz Pfeffer

Richtungen:

a) Kombinieren Sie die ersten vier Zutaten. Zu -Zoll-Kugeln formen. Brühe und Wasser bis zum Siedepunkt erhitzen.

b) Fleischbällchen hinzufügen; 15 bis 20 Minuten köcheln lassen. In einer

Suppenterrine Zitronensaft und Eier glatt rühren.

c) Nach und nach mit heißer Brühe aufschlagen. Zuletzt die Hackbällchen hinzufügen. Mit Salz, Pfeffer abschmecken.

21. Elchcocktail-Fleischbällchen

Zutat

- 2 Pfund Hackfleisch vom Elch
- je 1 Ei, leicht geschlagen
- ½ Teelöffel Pfeffer
- 1 Tasse feine Semmelbrösel
- 1 Teelöffel Salz
- ½ Tasse Milch
- 2 Teelöffel geriebene Zwiebel

- 2½ Tasse Ananassaft
- ¼ Tasse Mehl
- 1-2 Teelöffel Verkürzung
- 1 Tasse Barbecue-Sauce

Richtungen

a) Fleisch, Krümel, Ei, Salz, Pfeffer, Milch, Pfeffer und Zwiebel vermischen; Zu kleinen Fleischbällchen formen. In heißem Backfett braun. Ananassaft, Barbecuesauce und Mehl mischen. Die Hackbällchen in die Sauce geben.

b) In einer Kasserolle anderthalb Stunden bei 350 Grad backen. Kann heiß oder kalt auf Zahnstochern serviert werden.

RINDFLEISCHBÄLLCHEN

22. Herbstfrikadellen

Portionen: 6

Zutaten:

- 1 - 24 Unzen. Tüte Rinderfleischbällchen (½ oz. Größe), halbiert

- 2 große Zwiebeln, in Scheiben oder gehackt

- 5 Äpfel, geschält, entkernt und geviertelt

- 1-1/2 Tassen brauner Zucker

- 1/2 Tasse Apfelsaft

- Optionale Zutaten zum Garnieren: getrocknete Cranberries, Granatapfel oder Äpfel

Richtungen:

a) Backofen auf 350 °F vorheizen. Alle Zutaten in eine 4-Liter-Auflaufform geben, abdecken und 1-1/2 - 1-3/4 Stunden backen oder bis die Zwiebeln weich sind.

b) Während des Kochens gelegentlich umrühren. Wenn Sie einen Crockpot verwenden, kochen Sie ihn 3 Stunden lang auf höchster Stufe.

c) Serviervorschlag: Über gebackenem Eichelkürbis oder gekochtem Reis servieren.

d) Mit getrockneten Cranberries, Granatapfelkernen oder Apfelscheiben garnieren.

23. messenball stroganoff

Portionen: 6

Zutaten:

- 1/2 - 24 Unzen. Tüte Rinderhackbällchen, aufgetaut
- 10 Unzen. Hühnercremesuppe
- 1/2 Tasse Hühnerbrühe oder Wasser
- 10 Unzen. Champignons in Scheiben, abgetropft
- 1/2 Tasse Sauerrahm
- breite Eiernudeln, gekocht
- frischer Dillkraut, gehackt

Richtungen:

a) Fleischbällchen in der Mikrowelle 2 - 3 Minuten auftauen.

b) Suppe und Brühe in einen großen Topf geben und unter ständigem Rühren erhitzen.

c) Fleischbällchen und Champignons hinzufügen, zudecken und bei schwacher Hitze 10 Minuten köcheln lassen. Sauerrahm hinzufügen und erhitzen, ohne zu kochen.

d) Nudeln darüber geben und mit Dillkraut bestreuen.

24. Karibische Frikadellen

Portionen: 6 - 8

Zutaten:

- 1 - 24 Unzen. Tüte Rinderhackbällchen
- 1 Esslöffel Pflanzenöl
- 1 Knoblauchzehe, gehackt
- je 1 grüne und rote Paprika, grob gehackt
- 1 - 14 Unzen. kann Ananasstücke
- 2 Esslöffel Maisstärke
- 1/3 Tasse Zucker
- 1/3 Tasse Essig
- 1 Esslöffel Sojasauce
- 1/2 Tasse Cashewkerne (optional)

- 1/4 Tasse Kokos, geröstet (optional)

Richtungen:

a) Pfannenmethode: Fleischbällchen 1 Minute in der Mikrowelle teilweise auftauen. Jede Frikadelle in 3 Scheiben schneiden. Öl in einer großen Pfanne erhitzen. Knoblauch und Paprika dazugeben und 2 Minuten unter Rühren braten.

b) Fleischbällchen dazugeben, zudecken und bei mittlerer Hitze 10 Minuten braten, bis die Fleischbällchen durchgewärmt sind. Ananas abtropfen lassen, Saft in einer kleinen Schüssel auffangen.

c) Ananassaft, Maisstärke, Zucker, Essig und Sojasauce verrühren. Über die Frikadellen-Mischung gießen und unter ständigem Rühren kochen, bis die Sauce eingedickt ist.

d) Ananasstücke und Cashewkerne unterrühren. Nach Belieben mit gerösteter Kokosnuss garnieren.

e) Crockpot-Methode: Ananas abtropfen lassen, Saft auffangen. Gefrorene Fleischbällchen, Ananassaft, Pfeffer,

Knoblauch, Maisstärke, Zucker, Essig und Sojasauce in den Crockpot geben und 8 Stunden auf niedriger Stufe (oder 4 Stunden auf hoher Stufe) garen.

f) Vor dem Servieren Ananasstücke und Cashewkerne hinzugeben und mit gerösteter Kokosnuss garnieren.

25. Curry-Frikadellen

Portionen: 10-12

Zutaten:

- 1 - 20 Unzen. Tüte Rinderhackbällchen
- 1/4 Tasse gelbe Zwiebel, gewürfelt
- 1 Dose vollfette Kokosmilch
- 1 Tasse Hühnerbrühe
- 4 Teelöffel Currypulver
- 1 Teelöffel Garam Masala
- 1 Teelöffel gemahlener Ingwer
- Saft von 1 Limette
- 1/2 Tasse Koriander, gehackt
- Sambal Oelek Chilipaste (optional)
- rote Paprikaflocken

Richtungen:

a) In einer großen Pfanne Kokosmilch und Öl schmelzen; Fügen Sie die gewürfelten Zwiebeln hinzu und lassen Sie sie 3 bis 4 Minuten kochen.

b) Restliche Zutaten für die Sauce mischen und zu den Frikadellen geben, komplett verrühren.

c) Die Pfanne abdecken und köcheln lassen, bis die Fleischbällchen gar sind.

d) Kurz vor dem Servieren mit Red Pepper Flakes bestreuen. Für zusätzliche Hitze Chilipaste an der Seite haben.

26. Französische Zwiebelfleischbällchen

Portionen: 10-12

Zutaten:

- 1 - 26 Unzen. Tüte Rindfleisch
- 1 Packung Trockene Zwiebelsuppe
- 1 Dose Champignoncremesuppe
- 1 Dose cremige Zwiebelsuppe oder französische Zwiebelsuppe
- 1 Dose Wasser

Richtungen:

a) Legen Sie die Fleischbällchen aus dem Gefrierschrank in den Slow Cooker.

b) In einer mittelgroßen Schüssel die Suppenmischung, die Dosensuppe und das Wasser verquirlen. Über die Hackbällchen gießen und umrühren.

c) Bei schwacher Hitze etwa 4 bis 6 Stunden ODER bei hoher Hitze etwa 2 bis 3 Stunden kochen, dabei gelegentlich umrühren.

d) Über Eiernudeln oder als Vorspeise mit Zahnstochern servieren.

27. Ahorn-Frikadellen

Portionen: 5-6

Zutaten:

- 1 - 26 Unzen. Tüte Rinderhackbällchen
- 1/2 Tasse echter Ahornsirup
- 1/2 Tasse Chilisauce
- 2 Teelöffel getrockneter Schnittlauch (oder 2 Esslöffel frischer Schnittlauch)
- 1 Esslöffel Sojasauce
- 1/2 Teelöffel gemahlener Senf

Richtungen:

a) In einem Topf Ahornsirup, Chilisauce, Schnittlauch, Sojasauce und gemahlenen Senf vermischen.

b) Zum Kochen bringen. Die Fleischbällchen in den Topf geben und wieder aufkochen.

c) 8-10 Minuten bei mittlerer Hitze köcheln lassen, dabei gelegentlich umrühren, bis die Fleischbällchen gründlich erhitzt sind.

d) Als Vorspeise mit Zahnstochern oder über heißem gekochtem Reis servieren.

28. Fleischbällchen-Hirtenpastete

Portionen: 6

Zutaten:

- 1 - 26 Unzen. Tüte Rinderhackbällchen
- 1 - 12 Unzen. glas zubereitete rindsoße
- 1 - 16 Unzen. Tüte gefrorenes gemischtes Gemüse (aufgetaut genug, um auseinanderzubrechen)
- 1 Schachtel Sauerrahm & Schnittlauch Kartoffelpüree (enthält 2 Beutel)
- 1/2 Tasse geriebener Parmesankäse

Richtungen:

a) Backofen auf 350 °F vorheizen. Fleischbällchen 1 Minute in der Mikrowelle auftauen. Jede Frikadelle halbieren.

b) In einer großen Schüssel die halbierten Fleischbällchen, die Soße und das gefrorene gemischte Gemüse vermischen.

Gießen Sie die Mischung in eine gefettete 9 x 13 Zoll große Auflaufform.

c) Bereiten Sie beide Beutel der Sauerrahm- und Schnittlauchkartoffeln vor und fügen Sie Milch, heißes Wasser und Butter gemäß der Packungsanweisung hinzu.

d) Die vorbereiteten Kartoffeln auf der Frikadellenmischung verteilen.

e) Kartoffeln mit Parmesan bestreuen und 20-25 Minuten backen.

29. Spaghetti-Frikadellen-Torte

Portionen: 4-6

Zutaten:

- 1 - 26 Unzen. Tüte Rindfleisch Frikadellen
- 1/4 Tasse gehackter grüner Pfeffer
- 1/2 Tasse gehackte Zwiebel
- 1 - 8 Unzen. Paket Spaghetti
- 2 Eier, leicht geschlagen
- 1/2 Tasse geriebener Parmesankäse
- 1-1/4 Tassen geriebener Mozzarella-Käse
- 26 Unzen. stückige Spaghettisauce im Glas

Richtungen:

a) Backofen auf 375 °F vorheizen. Paprika und Zwiebeln anbraten, bis sie weich sind, etwa 10 Minuten. Beiseite legen.

b) Spaghetti kochen, abgießen, kalt abspülen und trocken tupfen. In eine große Rührschüssel geben.

c) Eier und Parmesan dazugeben und verrühren. Drücken Sie die Mischung in den Boden einer besprühten 9-Zoll-Kuchenplatte. Mit 3/4 Tasse geriebenem Mozzarella-Käse belegen. Gefrorene Fleischbällchen in der Mikrowelle 2 Minuten auftauen lassen.

d) Jede Frikadelle halbieren. Die Fleischbällchenhälften über die Käsemischung schichten. Spaghettisauce mit gekochten Paprika und Zwiebeln mischen.

e) Löffel über die Fleischbällchenschicht. Mit Alufolie locker abdecken und 20 Minuten backen.

f) Aus dem Ofen nehmen und 1/2 Tasse Mozzarella-Käse über die Spaghetti-Sauce-Mischung streuen.

g) Weiter ohne Deckel weitere 10 Minuten backen, bis es sprudelt. In Spalten schneiden und servieren.

30. Scharfe asiatische Frikadellen

Portionen: 10-12

Zutaten:

- 1 - 20 Unzen. Tüte Rindfleisch Frikadellen
- 2/3 Tasse Hoisinsauce
- 1/4 Tasse Reisessig
- 2 Knoblauchzehen, gehackt
- 2 Esslöffel Sojasauce
- 1 Teelöffel Sesamöl
- 1 Teelöffel gemahlener Ingwer
- 1/4 Tasse Teriyaki-Glasur
- 1/4 Tasse brauner Zucker
- Sesamsamen, optional

Richtungen:

a) Backofen vorheizen und Frikadellen nach Packungsanleitung backen. Beiseite legen.

b) Während die Fleischbällchen backen, alle Saucenzutaten in einer Schüssel verquirlen, bis alles gut vermischt ist.

c) Wenn die Frikadellen fertig gekocht sind, kannst du entweder jede Frikadelle einzeln (mit einem Zahnstocher) in die Saucenmischung tauchen oder die Sauce über die Fleischbällchen gießen und sie vorsichtig rühren, bis sie mit der Saucenmischung bedeckt sind.

d) Auf Reis servieren und mit Zuckerschoten und gerösteten Paprikastreifen als Vorspeise oder als Vorspeise mit Zahnstochern garnieren.

31. Frikadellen & Spaghettisauce

Zutat

- 1 Tasse Fleischbällchen
- ¼ Teelöffel Salz
- ¼ Teelöffel gemahlener schwarzer Pfeffer
- ½ Tasse geriebener Parmesankäse
- 1 Pfund mageres Rinderhackfleisch
- 1 Esslöffel Olivenöl
- 2 Zwiebeln gehackt
- 4 zerdrückte Knoblauchzehen oder
- 2 Gehackter Knoblauch
- 14 Unzen Dose Tomatensauce
- ½ Tasse Rotwein (optional)
- 1 süße grüne Paprika
- 1 Teelöffel getrocknetes Basilikum
- ½ Teelöffel Blattoregano

Richtungen:

a) Fleisch zu 1-Zoll-Frikadellen formen. Zur Spaghetti-Sauce zum Kochen geben.

b) Öl in einem großen Topf bei mittlerer Hitze erhitzen. Zwiebeln und Knoblauch hinzufügen. 2 Minuten anbraten. Restliche Zutaten hinzufügen. Abdecken und zum Kochen bringen, dabei oft umrühren.

c) Dann die Hitze reduzieren und unter häufigem Rühren mindestens 15 Minuten köcheln lassen.

32. Fleischbällchen mit Nudeln in Joghurt

Zutat

- 2 Pfund Rinderhackfleisch
- Prise Cayennepfeffer, Kurkuma, Koriander & Zimt
- Salz & schwarzer Pfeffer
- 2 Knoblauchzehen
- 1 Esslöffel Pflanzenöl
- 1 spanische Zwiebel
- 6 reife Pflaumentomaten -- Kern,
- 4 getrocknete Tomaten
- Nudeln

Richtungen:

a) In einer Schüssel Rindfleisch, Zimt, Koriander, Kurkuma, Cayennepfeffer, Salz, Pfeffer und die Hälfte des Knoblauchs vermischen.

b) Mit sauberen Händen gründlich mischen und dann das Fleisch zu -Zoll-Frikadellen formen. Legen Sie sie beiseite.

c) In einer großen Kasserolle das Öl erhitzen, die Zwiebel dazugeben und die Frikadellen dazugeben. Kochen Sie und wenden Sie sie oft.

d) Fügen Sie die Pflaumentomaten und den restlichen Knoblauch hinzu. Fügen Sie die getrockneten Tomaten, Salz und Pfeffer hinzu und kochen Sie die Mischung 5 Minuten lang bei schwacher Hitze, wobei Sie ein- oder zweimal umrühren.

e) Für die Nudeln: Einen großen Topf mit Wasser zum Kochen bringen. Nudeln dazugeben und kochen.

f) Joghurt, Knoblauch und Salz einrühren. Gründlich schwenken und in 6 breite Schüsseln geben.

33. Stracciatelle mit Frikadellen

Zutat

- 1 Liter Hühnerbrühe
- 2 Tassen Wasser
- ½ Tasse Pastina
- 1 Teelöffel frische Petersilie, gehackt
- ½ Pfund mageres Rinderhackfleisch
- 1 Ei
- 2 Teelöffel aromatisierte Semmelbrösel
- 1 Teelöffel geriebener Käse
- 1 Karotte, in dünne Scheiben geschnitten
- ½ Pfund Spinat, nur das Blattwerk
- Teil Julienned
- 2 Teelöffel frische Petersilie, gehackt
- 1 kleine Zwiebel, gehackt
- 2 Eier
- Geriebener Käse

Richtungen:

a) In einem Suppentopf die Suppenzutaten mischen und zum Kochen bringen. Fleischzutaten in einer Schüssel mischen, viele kleine Fleischbällchen und in die kochende Brühe-Mischung geben.

b) In einer kleinen Schüssel 2 Eier schlagen. Rühren Sie mit einem Holzlöffel die Suppe um, während Sie die Eier langsam unter ständigem Rühren hineingeben. Vom Herd nehmen. Abdecken und 2 Minuten stehen lassen.

c) Mit geriebenem Käse servieren.

34. Fleischbällchen-Ravioli-Suppe

Zutat

- 1 Esslöffel Olivenöl oder Salatöl
- 1 große Zwiebel; fein gehackt
- 1 Knoblauchzehe; gehackt
- 28 Unzen Tomaten in Dosen; gehackt
- ¼ Tasse Tomatenmark
- 13¾ Unzen Rinderbrühe
- ½ Tasse trockener Rotwein
- Prise getrocknetes Basilikum, Thymian & Oregano
- 12 Unzen Ravioli; mit Käse gefüllt
- ¼ Tasse Petersilie; gehackt
- Parmesan Käse; gerieben
- 1 Ei
- ¼ Tasse weiche Semmelbrösel
- ¾ Teelöffel Zwiebelsalz
- 1 Knoblauchzehe; gehackt

- 1 Pfund mageres Rinderhackfleisch

Richtungen:

a) Frikadellen in erhitztem Öl vorsichtig anbraten.

b) Zwiebel und Knoblauch untermischen und etwa 5 Minuten kochen lassen, dabei darauf achten, dass die Fleischbällchen nicht zerbrochen werden. Tomaten und deren Flüssigkeit, Tomatenmark, Brühe, Wein, Wasser, Zucker, Basilikum, Thymian und Oregano hinzufügen. Ravioli hinzufügen

35. Bulgarische Fleischbällchensuppe

Ausbeute: 8 Portionen

Zutat

- 1 Pfund Rinderhackfleisch
- 6 Esslöffel Reis
- 1 Teelöffel Paprika
- 1 Teelöffel getrocknetes Bohnenkraut
- Salz Pfeffer
- Mehl
- 6 Tassen Wasser
- 2 Rinderbouillonwürfel
- ½ Bund Frühlingszwiebeln; geschnitten
- 1 grüne Paprika; gehackt
- 2 Karotten; geschält, in dünne Scheiben geschnitten
- 3 Tomaten; geschält & gehackt
- 1 Sm. gelbe Chilis, gespalten

- ½ Bund Petersilie; gehackt

- 1 Ei

- 1 Zitrone (nur Saft)

Richtungen:

a) Kombinieren Sie Rindfleisch, Reis, Paprika und Bohnenkraut. Mit Salz und Pfeffer abschmecken. Leicht aber gründlich mischen. 1-Zoll-Kugeln formen.

b) Wasser, Brühwürfel, 1 Esslöffel Salz, 1 Teelöffel Pfeffer, Frühlingszwiebeln, grüne Paprika, Karotten und Tomaten in einem großen Wasserkocher vermischen.

c) Abdecken, aufkochen, Hitze reduzieren und 30 Minuten köcheln lassen.

36. Fleischbällchen und Würstchen

Zutat

- 1 Pfund Rinderhackfleisch
- 1 Ei, leicht geschlagen
- ¼ Tasse Semmelbrösel, trocken
- 1 mittelgroße Zwiebel, gerieben
- 1 Esslöffel Salz
- ¾ Tasse Chilisauce
- ¼ Tasse Traubengelee
- 2 Esslöffel Zitronensaft
- 1 Tasse Frankfurter

a) Rindfleisch, Ei, Semmelbrösel, Zwiebel und Salz mischen. Zu kleinen Kugeln formen. Chilisauce, Traubengelee, Zitronensaft und Wasser in einer großen Pfanne vermischen.

b) Hitze; Fleischbällchen dazugeben und köcheln lassen, bis das Fleisch gar ist.

c) Kurz vor dem Servieren Franks dazugeben und erhitzen.

37. Manhattan-Frikadellen

Zutat

- 2 Pfund mageres Rinderhackfleisch
- 2 Tassen weiche Semmelbrösel
- ½ Tasse gehackte Zwiebel
- 2 Eier
- 2 Esslöffel gehackte frische Petersilie
- 1 Teelöffel Salz
- 2 Esslöffel Margarine
- 1 Glas; (10 oz.) Kraft Aprikosenkonserven
- ½ Tasse Kraft-Barbecue-Sauce

Richtungen:

a) Fleisch, Krümel, Zwiebel, Eier, Petersilie und Salz mischen. 1-Zoll-Fleischbällchen formen.

b) Backofen auf 350 Grad vorheizen. Fleischbällchen in Margarine in einer großen Pfanne bei mittlerer Hitze anbraten; Abfluss. In eine 13 x 9 Zoll große Auflaufform legen.

c) Konfitüre und Barbecue-Sauce verrühren; über die Hackbällchen gießen. 30 Minuten backen, dabei gelegentlich umrühren.

38. Vietnamesische Frikadellen

Zutat

- 1½ Pfund mageres Rinderhackfleisch
- 1 Knoblauchzehe, zerdrückt
- 1 Eiweiß
- 1 Esslöffel Sherry
- 2 Esslöffel Sojasauce
- ½ Teelöffel Flüssigrauch
- 2 Esslöffel Fischsauce
- 1 Prise Zucker
- 1 Salz und weißer Pfeffer
- 2 Esslöffel Maisstärke
- 1 Esslöffel Sesamöl

Richtungen:

a) Mix Mischung mit Mixer oder Küchenmaschine, bis sehr glatt.

b) Am Spieß kleine Frikadellen formen (etwa sechs Frikadellen pro Spieß).

c) Bis zur Perfektion grillen.

39. Schwedische Fleischbällchen-Vorspeisen

Zutat

- 2 Esslöffel Speiseöl
- 1 Pfund Rinderhackfleisch
- 1 Ei
- 1 Tasse weiche Semmelbrösel
- 1 Teelöffel brauner Zucker
- ½ Teelöffel Salz
- ¼ Teelöffel Pfeffer
- ¼ Teelöffel Ingwer
- ¼ Teelöffel gemahlene Nelken
- ¼ Teelöffel Muskatnuss
- ¼ Teelöffel Zimt
- ⅔ Tasse Milch
- 1 Tasse Sauerrahm
- ½ Teelöffel Salz

Richtungen:

a) Speiseöl in einer Pfanne erhitzen. Alle restlichen Zutaten vermischen, außer Sauerrahm und ½ Teelöffel Salz.

b) Fleischbällchen in Vorspeisengröße formen (ca. 2,5 cm im Durchmesser). In Speiseöl von allen Seiten anbraten, bis sie vollständig gekocht sind.

c) Aus der Pfanne nehmen und auf Küchenpapier abtropfen lassen. Überschüssiges Fett abgießen und Pfanne etwas abkühlen. Fügen Sie eine kleine Menge Sauerrahm hinzu, um die Bräunung zu schlagen, und rühren Sie um. Fügen Sie dann die restliche saure Sahne und ½ Teelöffel Salz hinzu und rühren Sie um.

40. Afghanische Köfte

Zutat

- 1 Zwiebel fein gehackt
- 1 Grüner Pfeffer fein gehackt
- 1 Pfund Rinderhackfleisch
- 1 Teelöffel Knoblauchzehe fein gehackt
- $\frac{1}{2}$ Teelöffel Koriandersamen gemahlen
- Salz und Pfeffer nach Geschmack

Richtungen:

a) Rindfleisch, Zwiebel, Pfeffer, Knoblauch sowie Salz und Pfeffer verkneten.

b) 30 Minuten stehen lassen, um die Aromen zu vermischen. 16 ovale Kugeln formen.

c) 4 auf Spieße stecken, abwechselnd mit einem Zwiebelviertel, einem grünen Paprikaviertel und einer Kirschtomate auf jedem Spieß. Etwa 5 Minuten grillen, bis sie gebräunt sind, wenden und auf der anderen Seite grillen.

41. Polynesische Frikadellen

Zutat

- 1 Ei, geschlagen
- $\frac{1}{4}$ Tasse feine, trockene Semmelbrösel
- 2 Esslöffel frischer Koriander, geschnippelt
- 2 Knoblauchzehen, gehackt
- $\frac{1}{8}$ Teelöffel gemahlener roter Pfeffer
- $\frac{1}{4}$ Teelöffel Salz
- 1 Pfund mageres Rinderhackfleisch
- $\frac{1}{4}$ Tasse Erdnüsse, fein gehackt
- Frische Ananas-Junks oder 1
- 20 Oz Dose Ananasstücke, abgetropft
- $1\frac{1}{4}$ Tasse Süß-Sauer-Sauce

Richtungen:

a) In einer mittelgroßen Schüssel Ei, Semmelbrösel, Koriander, Knoblauch, Paprika und Salz vermischen. Erdnüsse und Rindfleisch hinzufügen. Gut mischen.

b) Zu 1" Fleischbällchen formen. In eine flache Auflaufform geben und 20 Minuten bei 350 °C backen oder bis sie nicht mehr rosa sind.

c) Aus dem Ofen nehmen und abtropfen lassen. (Zur Vorbereitung die Fleischbällchen abkühlen lassen und dann bis zu 48 Stunden kalt stellen.) Eine Frikadelle und ein Ananasstück auf den Spieß stecken und in die Auflaufform zurückkehren.

42. Griechische Fleischbällchen

Zutat

- 1 Pfund Hamburger
- 4 Scheiben Feuchtbrot
- 1 kleine Zwiebel gehackt oder gerieben
- $\frac{1}{2}$ Teelöffel Oregano
- 1 verquirltes Ei Salz und Pfeffer nach Geschmack

Richtungen:

a) Alle Zutaten miteinander vermischen. Zu kleinen Kugeln formen und in Mehl wälzen, bis sie vollständig bedeckt sind. In einer Pfanne mit Zoll Pflanzenöl anbraten.

b) Auf einer Seite braten und dann wenden. Fügen Sie nach Bedarf Öl hinzu. Öl auf mittlere Hitze erhitzen. Sollte etwa 20 Frikadellen ergeben.

43. Schottische Fleischbällchen

Zutat

- 1 Pfund mageres Rinderhackfleisch
- 1 Ei, leicht geschlagen
- 3 Esslöffel Mehl
- ¼ Teelöffel frisch gemahlener schwarzer Pfeffer
- 3 Esslöffel gehackte Zwiebel
- 3 Esslöffel Pflanzenöl
- ⅓ Tasse Hühnerbrühe
- 1 8-Unzen-Dose zerdrückte Ananas, abgetropft
- 1½ Esslöffel Maisstärke
- 3 Esslöffel Sojasauce
- 3 EL reiner Rotweinessig
- 2 Esslöffel Wasser
- ¼ Tasse schottischer Whisky
- ⅓ Tasse Hühnerbrühe
- ½ Tasse gewürfelter grüner Pfeffer

Richtungen:

a) Kombinieren Sie die ersten sechs Zutaten. Vorsichtig zu Kugeln von etwa 1 Zoll Durchmesser formen.

b) In einer 10-Zoll-Bratpfanne rundum in Öl anbraten.

c) In der Zwischenzeit die folgende schottische Sauce zubereiten.

d) Fleischbällchen und grünen Pfeffer hinzufügen. Noch etwa 10 Minuten sanft kochen. Mit Reis servieren.

44. Hawaiian Fleischbällchen

Zutat

- 2 Pfund Rinderhackfleisch
- ⅔ Tasse Graham-Cracker-Krümel
- ⅓ Tasse gehackte Zwiebel
- ¼ Teelöffel Ingwer
- 1 Teelöffel Salz
- 1 Ei
- ¼ Tasse Milch
- 2 Esslöffel Maisstärke
- ½ Tasse brauner Zucker
- ⅓ Tasse Essig
- 1 Esslöffel Sojasauce
- ⅓ Tasse gehackter grüner Pfeffer
- 13½ Unzen Dose zerkleinerte Ananas

Richtungen:

a) Hackfleisch, Crackerbrösel, Zwiebel, Ingwer, Salz, Ei und Milch mischen und zu 1-Zoll-Kugeln formen. bräunen und in eine Auflaufform geben.

b) Maisstärke, braunen Zucker, Essig, Sojasauce und grünen Pfeffer mischen. Bei mittlerer Hitze kochen, bis sie eingedickt ist. Zerdrückte Ananas plus Saft dazugeben.

c) Erhitzen und über die Fleischbällchen gießen. Gut erhitzen und servieren.

45. Ukrainische Frikadellen "bitki"

Zutat

- 1½ Pfund Champignons frisch oder
- ¼ Pfund getrocknete Pilze
- 2 Pfund Rindfleisch ohne Knochen gemahlen
- 3 Zwiebeln groß gehackt fein
- ½ Tasse Butter oder Margarine
- je 1 Knoblauchzehe gehackt
- 1 Tasse Mehl
- 2 Esslöffel Semmelbrösel

Richtungen:

a) Die ⅓ der Zwiebeln, das Fleisch, die Semmelbrösel Salz & Pfeffer und den Knoblauch mischen. Aus dieser Mischung Kugeln formen ca. 2" im Durchmesser. Diese Kugeln flach drücken und in Mehl ausbaggern und beide Seiten in Butter bräunen.

b) Weichen Sie die Pilze in kaltem Wasser ein, wenn Sie getrocknete Pilze verwenden. 30 Minuten kochen lassen, dann abgießen und die Brühe aufbewahren. Die Zwiebel-Pilz-Mischung in Butter anbraten.

c) Die restlichen gehackten Zwiebeln als Schicht in einen großen Topf geben, $\frac{1}{2}$ der gekochten Zwiebel-Pilz-Mischung auf diese Schicht aus roh gehackten Zwiebeln geben.

d) Darauf das Bitki legen und mit der restlichen Zwiebel-Pilz-Mischung bedecken.

46. Russische Fleischbällchen

Zutat

- 1 Pfund Rinderhackfleisch
- 1 Pfund Kalbshackfleisch
- ½ Tasse gehackte Zwiebel
- ¼ Tasse ausgestrahltes Nierenfett
- 2 Scheiben Break, in Milch eingeweicht, trocken gepresst
- 2 Teelöffel Salz
- Gemahlener Pfeffer
- Feine Semmelbrösel
- Butter oder Rinderfett
- 2 Tassen Sauerrahm
- ½ Pfund Champignons in Scheiben, sautiert

Richtungen:

a) Zwiebel in ausgelassenem Nierenfett anbraten, bis sie zusammenfällt. Rind, Kalb, Zwiebel, Brot, Salz und wenig

Pfeffer mischen. Gut durchkneten und kalt stellen.

b) Hände anfeuchten und aus der Mischung Kugeln in der Größe von Goldkugeln formen. In Semmelbröseln wälzen und in Butter oder Rinderfett braten, bis sie rundum braun sind. Herausnehmen und warm halten.

c) Sauerrahm und Champignons in die Pfanne geben. Hitze. Sauce über das Fleisch gießen.

47. Mediterrane Frikadellen

Zutat

- 1 Pfund Rinderhackfleisch, zerbröckelt
- 3 Esslöffel ungewürzte trockene Semmelbrösel
- 1 großes Ei
- 1 Teelöffel getrocknete Petersilienflocken
- 2 Esslöffel Margarine
- $\frac{1}{4}$ Teelöffel Knoblauchpulver
- $\frac{1}{2}$ Teelöffel getrocknete Minzblätter, zerdrückt
- $\frac{1}{4}$ Teelöffel getrocknete Rosmarinblätter, zerdrückt
- $\frac{1}{4}$ Teelöffel Pfeffer
- 1 Teelöffel getrocknete Petersilienflocken

Richtungen:

a) Kombinieren Sie alle Fleischbällchen-Zutaten in einer mittelgroßen Schüssel. Aus der Masse 12 Frikadellen formen.

b) Legen Sie die Margarine, das Knoblauchpulver und die Parley in eine 1-Tasse.

c) Mikrowelle bei High 45 Sekunden bis 1 Minute lang oder bis die Butter schmilzt.

d) Fleischbällchen in Margarinemischung tauchen, um sie zu bedecken und auf einen Bräter legen.

e) Mikrowelle auf Hoch für 15 bis 18 Minuten oder bis die Fleischbällchen fest und in der Mitte nicht mehr rosa sind, den Rost drehen und die Fleischbällchen während der Garzeit zweimal neu anordnen. Nach Belieben mit heißem gekochtem Reis oder Couscous servieren.

48. griechen fleischbällchen

Zutat

- 1½ Pfund gemahlenes rundes Steak
- 2 Eier; leicht geschlagen
- ½ Tasse Semmelbrösel; fein, weich
- 2 mittelgroße Zwiebeln; fein gehackt
- 2 Esslöffel Petersilie; frisch, gehackt
- 1 Esslöffel Minze; frisch, gehackt
- ¼ Teelöffel Zimt
- ¼ Teelöffel Piment
- Salz und frisch gemahlener Pfeffer
- Kürzen zum Braten

Richtungen:

a) Alle Zutaten mit Ausnahme des Backfetts mischen und gründlich mischen.

b) Mehrere Stunden kalt stellen. Zu kleinen Kugeln formen und im geschmolzenen Backfett braten. Heiß servieren.

49. Einfache schwedische Fleischbällchen

Zutat

- 2 Pfund Rinderhackfleisch
- 1 Zwiebel, gerieben
- ½ Tasse Semmelbrösel
- Prise Salz, Pfeffer
- 1 Teelöffel Worcestershiresauce
- 2 Eier, geschlagen
- 4 Esslöffel Butter
- 2 Tassen Brühe oder Brühe
- 4 Esslöffel Mehl
- ¼ Tasse Sherry

Richtungen:

a) Die ersten sechs Zutaten mischen, zu kleinen Kugeln formen. In Butter bräunen.

b) Brühe hinzufügen, Pfanne zudecken und 15 Minuten köcheln lassen. Fleischbällchen herausnehmen, warm halten.

c) Die Soße mit dem mit etwas kaltem Wasser vermischten Mehl eindicken. 5 Minuten kochen, Sherry hinzufügen. Fleischbällchen in Soße aufwärmen.

50. Ghana-Frikadelleneintopf

Zutat

- 2 Pfund Rinderhackfleisch
- 1 Teelöffel Zitronensaft
- 1 großes Ei; Leicht geschlagen
- 1 Tasse Zwiebeln; Fein gehackt
- 1 Teelöffel Salz, 1 Teelöffel schwarzer Pfeffer
- 1 Schuss Knoblauchpulver
- 1 Teelöffel gemahlene Muskatnuss
- 1½ Esslöffel Allzweckmehl
- ½ Tasse Speiseöl
- 1 mittelgroße Zwiebel; Geschnitten
- 1 Tasse Tomatensauce
- 1 mittelgroße Tomate; Geschält und in Scheiben geschnitten
- 1 grüner Pfeffer; Geschnitten

Richtungen:

a) In einer großen Rührschüssel Rinderhackfleisch mit Zartmacher, Zitronensaft, Ei, Zwiebeln, Salz, Pfeffer nach Wahl, Knoblauch und Muskatnuss mischen.

b) Aus dem gewürzten Rindfleisch etwa ein Dutzend esslöffelgroße Kugeln formen.

c) Währenddessen Öl in einer großen Pfanne bei mittlerer Hitze erhitzen. Die Frikadellen von allen Seiten gleichmäßig anbraten, dabei einen Metalllöffel zum Wenden verwenden.

d) Um die Soße zuzubereiten, geben Sie das restliche Speiseöl in eine große, saubere Pfanne zurück und bräunen Sie das restliche Mehl. Fügen Sie Zwiebeln, Tomatensauce, Tomatenscheiben und grüne Paprika hinzu.

e) Fügen Sie reservierte gebräunte Fleischbällchen hinzu, bedecken Sie und reduzieren Sie die Hitze auf ein Köcheln.

51. Vorspeise Frikadellen aus Fernost

Zutat

- 1 Dose Spam Mittagsfleisch; (12 Unzen)
- ⅔ Tasse trockene Semmelbrösel
- ½ Tasse gehackte, gut abgetropfte Sojasprossen
- ¼ Tasse gehackte Frühlingszwiebeln
- ¼ Teelöffel Ingwerpulver
- Frisch gemahlener schwarzer Pfeffer; schmecken
- Cocktail-Auswahl

Dip-Sauce

- 1 Tasse Tomatensaft
- ¼ Tasse fein gehackter grüner Pfeffer
- ⅓ Tasse fein gehackte Frühlingszwiebeln
- ¼ Teelöffel gemahlener Ingwer

Richtungen:

a) Kombinieren Sie gemahlenen Spam mit Semmelbrösel, Sojasprossen, Zwiebeln, Ingwer und Pfeffer.

b) Masse zu 24 Kugeln formen. Auf das Gestell in eine flache Backform legen; bei 425 Grad Backofen 15 Minuten backen. Auf Raumtemperatur abkühlen.

c) Fleischbällchen auf Cocktail-Picks aufspießen und in heiße Far East Dipping Sauce tauchen.

d) Far East Dip Sauce: In einem kleinen Topf alle Zutaten vermischen. Zum Kochen bringen; köcheln lassen, offen, 5 Minuten. Heiß servieren.

52. Libanesische Frikadellen

Zutat

- ½ Tasse gehackte Zwiebel
- 3 Esslöffel Butter
- 1 Pfund Rinderhackfleisch
- 1 Ei, geschlagen
- 2 Scheiben Brot eingeweicht in 1/2 c. Milch
- 1 Teelöffel Salz
- ⅛ Teelöffel Pfeffer
- 1 Tasse trockene Semmelbrösel
- 2 Tassen Naturjoghurt

a) Zubereitung : Zwiebel in 1 EL Butter anbraten, bis sie transparent ist.

b) Leicht abkühlen. Mit Fleisch, Ei, Brot und Gewürzen mischen. 1¼-Zoll-Kugeln formen und in trockenen Semmelbröseln wälzen. In den restlichen 2 EL Butter langsam bräunen. Alles bis auf 2 Esslöffel Fett abtropfen lassen.

c) Löffeln Sie Joghurt vorsichtig über und um die Fleischbällchen herum. 20 Minuten köcheln lassen. Heiß mit Reis- oder Weizenpilaw servieren.

53. Kantonesische Fleischbällchen

Zutat

- 1 Pfund Rinderhackfleisch
- ¼ Tasse gehackte Zwiebeln
- 1 Teelöffel Salz
- 1 Teelöffel Pfeffer
- ½ Tasse Milch
- ¼ Tasse Zucker
- 1½ Esslöffel Maisstärke
- 1 Tasse Ananassaft
- ¼ Tasse Essig
- 1 Teelöffel Sojasauce
- 1 Esslöffel Butter
- 1 Tasse geschnittener Sellerie
- ½ Tasse geschnittener Pfeffer
- ½ Tasse gehobelte Mandeln, sautiert

Richtungen:

a) Aus kombiniertem Rindfleisch, Zwiebeln, Salz, Pfeffer und Milch 20 kleine Frikadellen formen.

b) Kombinieren Sie Zucker und Maisstärke; Flüssigkeit einrühren und Butter hinzufügen.

c) Bei schwacher Hitze unter ständigem Rühren klar kochen.

d) Gemüse zugeben und 5 Minuten leicht erhitzen.

e) Fleischbällchen auf ein Bett aus gekochtem Reis legen, mit der Sauce übergießen und mit Mandeln bestreuen.

54. Festliche Cocktail-Frikadellen

Zutat

- 1½ Pfund Rinderhackfleisch
- 1 Tasse MINUTE-Reis
- 1 Dose (8 oz) Zerkleinerte Ananas in Saft
- ½ Tasse Karotte [fein zerkleinert]
- ½ Tasse Zwiebel [gehackt]
- 1 Ei [geschlagen]
- 1 Teelöffel Ingwer [gemahlen]
- 8 Unzen französisches Dressing
- 2 Esslöffel Sojasauce

Richtungen:

a) Alle Zutaten bis auf die letzten 2 in einer Schüssel vermischen und dann zu 2,5 cm großen Fleischbällchen formen.

b) Auf ein gefettetes Backblech legen und im vorgeheizten Backofen backen.

c) Sojasauce und Dressing vermischen.

d) Die Frikadellen warm mit dem Dressing servieren.

55. Cranberry-Cocktail-Frikadellen

Zutat

- 2 Pfund Chuck, gemahlen
- 2 Eier
- ⅓ Tasse Ketchup
- 2 Esslöffel Sojasauce
- ¼ Teelöffel Pfeffer
- 12 Unzen Chilisauce
- 1 Esslöffel Zitronensaft
- 1 Tasse Cornflakes, Krümel
- ⅓ Tasse Petersilie, frisch, gehackt
- 2 Esslöffel Zwiebel, grün und gehackt
- je 1 Knoblauchzehe, gepresst
- 16 Unzen Cranberry-Sauce
- 1 Esslöffel brauner Zucker

Richtungen:

a) Kombinieren Sie die ersten 9 Zutaten in einer großen Schüssel; gut umrühren. Fleischmischung zu 1-Zoll-Kugeln formen.

b) In eine ungefettete 15x10x1 Jellyroll-Pfanne geben. Backen Sie unbedeckt bei 500F für 8 - 10 Minuten.

c) Fleischbällchen abtropfen lassen und in einen Chafing Dish geben und warm halten.

d) Kombinieren Sie Cranberry-Sauce mit den restlichen Zutaten in einem Topf. Bei mittlerer Hitze kochen, bis sie sprudelt, dabei gelegentlich umrühren; über die Hackbällchen gießen. Warm servieren.

56. Wein Frikadellen

Zutat

- 1½ Pfund Chuck, gemahlen
- ¼ Tasse Semmelbrösel, gewürzt
- 1 mittelgroße Zwiebel; gehackt
- 2 Teelöffel Meerrettich, zubereitet
- 2 Knoblauchzehen; zerquetscht
- ¾ Tasse Tomatensaft
- 2 Teelöffel Salz
- ¼ Teelöffel Pfeffer
- 2 Esslöffel Margarine
- 1 mittelgroße Zwiebel; gehackt
- 2 Esslöffel Mehl, Allzweck
- 1¼ Tasse Rinderbrühe
- ½ Tasse Wein, trocken rot
- 2 Esslöffel Zucker, braun
- 2 Esslöffel Ketchup
- 1 Esslöffel Zitronensaft
- 3 Ingwersnaps; zerbröckelt

Richtungen:

a) Kombinieren Sie die ersten 8 Zutaten, gut mischen. 1" Kugeln formen und in eine 13x9x2" Auflaufform legen. Bei 450 Grad 20 Minuten backen. Aus dem Ofen nehmen und überschüssiges Fett abtropfen lassen.

b) Margarine in einer großen Pfanne erhitzen, Zwiebel anschwitzen, bis sie weich ist. Mehl untermischen; unter ständigem Rühren nach und nach Rinderbrühe hinzufügen. Restliche Zutaten hinzufügen.

c) Bei schwacher Hitze 15 Minuten kochen; Fleischbällchen hinzufügen und 5 Minuten köcheln lassen.

57. Chuletas

Zutat

- 2 Pfund Rinderhackfleisch
- 2 Tassen Petersilienzweige; Gehackt
- 3 Gelbe Zwiebel; Gehackt
- 2 Eier; leicht geschlagen
- 1 Esslöffel Salz
- ½ Tasse Parmesankäse; Frisch gerieben
- ½ Teelöffel Tabasco-Sauce
- 1 Teelöffel schwarzer Pfeffer
- 3 Tassen trockene Semmelbrösel
- Olivenöl

Richtungen:

a) Alle Zutaten außer Krümel mischen. Zu kleinen Kugeln in Cocktailgröße formen.

b) Kugeln in Semmelbrösel rollen. Gut kühlen. In Olivenöl drei bis vier Minuten anbraten. In einen Chafing Dish geben. Servieren Sie mit Ihrer Lieblingssalsa als Dip. Ergibt ungefähr 15 pro Pfund Hackfleisch.

58. Chafing Dish Party Frikadellen

Zutat

- 1 Pfund Rinderhackfleisch
- ½ Tasse feine trockene Semmelbrösel
- ⅓ Tasse Zwiebel; gehackt
- ¼ Tasse Milch
- 1 Ei; geschlagen
- 1 Esslöffel frische Petersilie; gehackt
- 1 Teelöffel Salz
- ½ Teelöffel schwarzer Pfeffer
- 1 Esslöffel Worcestershiresauce
- ¼ Tasse Gemüsefett
- 1 12 Unzen Flasche Chilisauce
- 1 10 Unzen Glas Traubengelee

Richtungen:

a) Formen Sie 1" Fleischbällchen. Co in einer elektrischen Pfanne in heißem Fett bei mittlerer Hitze 10-15 Minuten lang oder bis sie gebräunt sind. Auf Küchenpapier abtropfen lassen.

b) Kombinieren Sie Chilisauce und Traubengelee in einem mittelgroßen Topf (oder derselben elektrischen Pfanne); gut umrühren. Fleischbällchen hinzufügen und 30 Minuten auf niedriger Stufe köcheln lassen, dabei gelegentlich umrühren.

c) Zum Warmhalten mit Zahnstochern aus einem Chafing Dish servieren

59. Heiße Fleischbällchen-Sandwiches

Zutat

- 26 Unzen Spaghetti-Sauce; geteilt
- ½ Tasse frische Semmelbrösel
- 1 kleine Zwiebel; fein gehackt
- ¼ Tasse geriebener Parmesan oder Romano-Käse
- 1 Ei
- 1 Teelöffel getrocknete Petersilienflocken
- 1 Teelöffel Knoblauchpulver
- 1 Pfund Rinderhackfleisch
- 4 italienische Sandwichbrötchen

Richtungen:

a) Kombiniere alles.

60. Fleischbällchen-Auberginen-Subs

Zutat

- 1 Pfund mageres Rinderhackfleisch
- 14 Unzen Basilikum gewürzte Spaghetti-Sauce; 1 Glas
- 1 mittelgroße Aubergine
- $4\frac{1}{2}$ Esslöffel Olivenöl; Geteilt
- 1 mittlere rote Zwiebel
- $\frac{1}{4}$ Pfund Pilze
- 4 Baguettes; 6-8 Zoll lang
- 4 Unzen Provolone-Käse; 4 Scheiben

Richtungen:

a) Auberginen in $\frac{1}{2}$ bis Zoll Steaks schneiden und auf einen Teller legen, mit Salz bestreuen und 30 Minuten abtropfen lassen.

b) Aus dem Hackfleisch zwölf Fleischbällchen mit einem Durchmesser von $1\frac{1}{2}$ Zoll formen. Kochen Sie sie in einem Topf bei schwacher Hitze und drehen Sie sie häufig, um sie gleichmäßig zu bräunen und zu verhindern, dass sie kleben. die Spaghetti-Sauce hinzufügen. Köcheln lassen, damit die Fleischbällchen gut durch sind.

c) 3 EL Olivenöl erhitzen und die Auberginen bei mittlerer Hitze leicht anbraten.

d) Mit Salz und Pfeffer nach Geschmack bestreuen.

e) 4 Minuten kochen lassen und dann die Champignons hinzufügen.

f) Die Baguettes längs aufschneiden und die unteren Brotstücke mit einer dünnen Schicht Auberginensteaks belegen und dann mit 3 Frikadellen belegen.

g) Eine großzügige Menge der extra Spaghettisaucen darauf verteilen und die Zwiebeln und Champignons großzügig auf den Fleischbällchen verteilen.

61. Sandwiches mit Fleischbällchen

Zutat

- Antihaft-Pflanzenölspray
- 1½ Pfund mageres Rinderhackfleisch
- ½ Tasse geriebener Parmesankäse
- 2 Eier
- ¼ Tasse gehackte frische Petersilie
- ¼ Tasse zerkleinerte Cornflakes
- 3 Knoblauchzehen; gehackt
- 2½ Teelöffel getrockneter Oregano
- ½ Teelöffel gemahlener weißer Pfeffer
- ½ Teelöffel Salz
- 3 Tassen Gekaufte Marinara-Sauce
- 6 lange italienische oder französische Brötchen; längs geteilt, geröstet
- 6 Portionen

Richtungen:

a) Ein klassisches Sandwich, das garantiert satt wird, egal ob als

Wochenendmittagessen oder einfaches Abendessen unter der Woche.

b) Rinderhackfleisch, geriebenen Parmesan, Eier, gehackte frische Petersilie, zerdrückte Cornflakes, gehackten Knoblauch, getrockneten Oregano, gemahlenen weißen Pfeffer und Salz in einer großen Schüssel vermengen und gründlich vermischen.

c) Mit angefeuchteten Händen die Fleischmischung zu $1\frac{1}{2}$-Zoll-Runden formen und in gleichmäßigem Abstand auf das vorbereitete Blech legen.

d) Fleischbällchen backen, bis sie sich nur noch fest anfühlen.

62. Fleischbällchen-Auberginen-Subs

Zutat

- 1 Pfund mageres Rinderhackfleisch
- 14 Unzen Basilikum gewürzte Spaghetti-Sauce; 1 Glas
- 1 mittelgroße Aubergine
- $4\frac{1}{2}$ Esslöffel Olivenöl; Geteilt
- 1 mittlere rote Zwiebel
- $\frac{1}{4}$ Pfund Pilze
- 4 französische Brot-Sandwich-Rollen oder Baguettes; 6-8 Zoll lang
- 4 Unzen Provolone-Käse; 4 Scheiben

Richtungen:

a) Auberginen in $\frac{1}{2}$ bis Zoll Steaks schneiden und auf einen Teller legen, mit Salz bestreuen und 30 Minuten abtropfen lassen.

b) Aus dem Hackfleisch zwölf Fleischbällchen mit einem Durchmesser von $1\frac{1}{2}$ Zoll formen. Kochen Sie sie in einem Topf bei schwacher Hitze und drehen Sie sie häufig, um sie gleichmäßig zu bräunen und zu verhindern, dass sie kleben.

c) Die Zwiebel in dünne Ringe schneiden und die Champignons grob in unregelmäßige Stücke schneiden und beiseite stellen.

d) Die Auberginensteaks gründlich abspülen und anschließend trocken tupfen. 3 EL Olivenöl erhitzen und die Auberginen bei mittlerer Hitze sanft anbraten,

e) Mit Salz und Pfeffer nach Geschmack bestreuen. Vom Herd nehmen und abtropfen lassen.

f) 4 Minuten kochen lassen und dann die Champignons hinzufügen.

g) Die Baguettes längs aufschneiden und die Oberseite von der Unterseite trennen. Die unteren Brotstücke mit einer dünnen Schicht Auberginensteaks belegen und dann mit 3 Frikadellen belegen.

63. Mexikanische Tortilla-Frikadellensuppe

Zutat

- 1½ Pfund mageres Rinderhackfleisch
- Gemüse

Richtungen:

a) Das Hackfleisch mit Koriander, Knoblauch, Limettensaft, Kreuzkümmel, scharfer Sauce sowie Salz und Pfeffer mischen. Zu 1-Unzen-Kugeln formen.

b) Von allen Seiten braun braten, ca. 5 Minuten.

c) Suppe: In einem großen Suppentopf 2 EL Pflanzenöl erhitzen. Zwiebeln und Knoblauch hinzufügen.

d) Chilis hinzufügen und 2 Minuten kochen. Tomaten und deren Saft, Hühnerbrühe, Chilipulver, Kreuzkümmel und scharfe Sauce hinzufügen. 15 bis 20 Minuten köcheln lassen.

e) In einer kleinen Schüssel Mehl und Hühnerbrühe vermischen. In die Suppe einrühren. Wieder zum Kochen bringen.

Hitze reduzieren und 5 Minuten köcheln lassen. Fleischbällchen hinzufügen und weitere 5 Minuten köcheln lassen.

64. Zitronen-Frikadellensuppe

Zutat

- 1 Pfund Rinderhackfleisch
- 6 Esslöffel Reis
- 1 Teelöffel Paprika
- 1 Teelöffel getrocknetes Bohnenkraut
- Salz Pfeffer
- Mehl
- 6 Tassen Wasser
- 2 Rinderbouillonwürfel
- ½ Bund Frühlingszwiebeln; geschnitten
- 1 grüne Paprika; gehackt
- 2 Karotten; geschält, in dünne Scheiben geschnitten
- 3 Tomaten; geschält & gehackt
- 1 Sm. gelbe Chilis, gespalten
- ½ Bund Petersilie; gehackt
- 1 Ei
- 1 Zitrone (nur Saft)

Richtungen:

a) Kombinieren Sie Rindfleisch, Reis, Paprika und Bohnenkraut. Mit Salz und Pfeffer abschmecken. Leicht aber gründlich mischen. 1-Zoll-Kugeln formen, dann in Mehl rollen.

b) Wasser, Brühwürfel, 1 Esslöffel Salz, 1 Teelöffel Pfeffer, Frühlingszwiebeln, grüne Paprika, Karotten und Tomaten in einem großen Wasserkocher vermischen. Abdecken, aufkochen, Hitze reduzieren und 30 Minuten köcheln lassen.

c) Hackbällchen dazugeben, zudecken und erneut aufkochen. Hitze reduzieren und 20 Minuten köcheln lassen. Chilis hinzufügen und zugedeckt 40 Minuten köcheln lassen oder bis der Reis gar ist. Petersilie während der letzten 5 Minuten der Kochzeit hinzufügen.

65. Mediterrane gefüllte Frikadellen

Zutat

- 1 große Aubergine, geschält und gewürfelt
- 4 Tomaten, geschält und gehackt
- 4 Esslöffel frische Petersilie
- Salz und Pfeffer
- Knoblauch, Zwiebeln und Paprika
- Thymian & Muskatnuss
- ½ Tasse Hühnerbrühe
- 1½ Pfund Hackfleisch
- 2 Scheiben Brot
- ⅓ Tasse Parmesankäse
- 1 Ei
- Brokkoli, Blumenkohl, Zucchini
- Spaghetti oder andere Nudeln

Richtungen:

a) Soße vorbereiten: Knoblauch in Olivenöl anbraten. Zwiebel zugeben und weiter anbraten.

b) Fügen Sie grüne Paprika, Zucchini, Auberginen und Tomaten hinzu. Weiter kochen; dann Petersilie, Salz und Pfeffer, Thymian und Hühnerbrühe hinzufügen.

c) Geschmolzene Butter, Salz und Pfeffer hinzufügen und beiseite stellen.

d) Kugeln formen und in die Mitte jeder Kugel ein blanchiertes Gemüse drücken.

e) Kugeln in Ei und dann in Semmelbrösel tauchen und 6 bis 8 Minuten goldbraun frittieren.

66. Mit Oliven gefüllte Fleischbällchen

Zutat

- 1 Esslöffel Butter
- 1 Tasse Zwiebel, gehackt
- 2 kleine Knoblauchzehen, gehackt
- 1¼ Pfund Hackfleisch
- ½ Tasse weiche Semmelbrösel
- ½ Tasse Petersilie, fein gehackt
- 1 großes Ei & 1 Tasse Sahne
- 16 kleine Gefüllte grüne Oliven
- ¼ Tasse Erdnussöl
- 3 Esslöffel Mehl
- ½ Tasse trockener Weißwein & 1½ Tasse Hühnerbrühe
- 1 Esslöffel Tomatenmark
- 1 Esslöffel Dijon-Senf

Richtungen:

a) Zwiebel und Knoblauch kochen. Das Fleisch in eine Rührschüssel geben und die gekochten Zwiebeln und Knoblauch, die Semmelbrösel, Petersilie, Ei, die Hälfte der Sahne und Muskatnuss hinzufügen. Gut mischen. In 16 gleiche Portionen teilen.

b) Bereiten Sie Kugeln vor, während Sie die Olive einschließen.

c) Kochen, dabei oft wenden, damit sie gleichmäßig braun werden, etwa 5-10 Minuten.

d) Mehl einrühren und dann den Wein hinzufügen. Kochen Sie etwa 1 Minute., Rühren. Fügen Sie die Fleischbällchen hinzu.

e) Restliche Sahne und Senf unter die Sauce rühren.

67. Sauerkrautbällchen

Zutat

- 1 mittelgroße Zwiebel, gehackt
- 2 Esslöffel Butter
- 1 Dose Spam (Boden)
- 1 Tasse gemahlenes Corned Beef
- $\frac{1}{4}$ Teelöffel Knoblauchsalz
- 1 Esslöffel Senf
- 3 Esslöffel gehackte Petersilie
- 2 Tassen Sauerkraut
- $\frac{2}{3}$ Tasse Mehl
- $\frac{1}{2}$ Tasse Rinderbrühe oder Brühwürfel, in 1/2 Tasse Wasser aufgelöst
- 2 Eier, gut geschlagen
- $\frac{1}{2}$ Tasse Semmelbrösel
- $\frac{1}{8}$ Teelöffel Pfeffer

Richtungen:

a) Zwiebeln in Butter anbraten, Spam, Corned Beef hinzufügen. 5 Minuten kochen und oft umrühren. Fügen Sie Knoblauchsalz, Senf, Petersilie, Pfeffer, Sauerkraut, ½ Tasse Mehl und Rinderbrühe hinzu. Gut mischen. 10 Minuten kochen.

b) Zum Abkühlen auf einem Teller verteilen. Zu kleinen Kugeln formen. In Mehl wälzen, in Eier tauchen und in Krümeln wälzen. In heißem Fett bei 375 Grad goldbraun frittieren.

68. Italienischer Fleischbällchen-Eintopf

Zutat

- 1½ Pfund mageres Rinderhackfleisch
- ½ Tasse feine Semmelbrösel
- 2 Eier geschlagen
- ¼ Tasse Milch
- 2 EL geriebener Parmesankäse
- 1 Teelöffel Salz/Pfeffer
- ⅛ Teelöffel Knoblauchsalz
- 2 Karotten geschält und geschnitten
- 6 Unzen Tomatenmark
- 1 Tasse Rinderbouillon
- ½ Teelöffel Oregano
- 1 Teelöffel Gewürzsalz
- ½ Teelöffel Basilikum
- 10 Unzen gefroren nach italienischer Art
- Gemüse teilweise aufgetaut

Richtungen:

a) Rindfleisch mit Semmelbrösel, Eiern, Milch, Käse, Salz, Knoblauchsalz und Pfeffer mischen. Zu 2-Zoll-Kugeln formen. Karotten in den Boden des langsam kochenden Topfes fallen lassen.

b) Fleischbällchen über Karotten anrichten. Tomatenmark mit Wasser, Bouillon, Oregano, Gewürzsalz und Basilikum verrühren. Über das Fleisch gießen. Zugedeckt 4 bis 6 Stunden auf niedriger Stufe kochen.

c) Abdecken und auf hoher Stufe 15 bis 20 Minuten kochen, bis das Gemüse weich ist.

69. Bulgarische Fleischbällchensuppe

Zutat

- 1 Pfund Rinderhackfleisch
- 6 Esslöffel Reis
- 1 Teelöffel Paprika
- 1 Teelöffel getrocknetes Bohnenkraut
- Salz Pfeffer
- 2 Rinderbouillonwürfel
- ½ Bund Frühlingszwiebeln; geschnitten
- 1 grüne Paprika; gehackt
- 2 Karotten;geschält, in dünne Scheiben geschnitten
- 3 Tomaten; geschält & gehackt
- 1 Sm. gelbe Chilis, gespalten
- ½ Bund Petersilie; gehackt
- 1 Ei
- 1 Zitrone (nur Saft)

Richtungen:

a) Kombinieren Sie Rindfleisch, Reis, Paprika und Bohnenkraut. Mit Salz und Pfeffer abschmecken.

b) 1-Zoll-Kugeln formen, dann in Mehl rollen.

c) Wasser, Brühwürfel, 1 Esslöffel Salz, 1 Teelöffel Pfeffer, Frühlingszwiebeln, grüne Paprika, Karotten und Tomaten in einem großen Wasserkocher vermischen.

d) Abdecken, aufkochen, Hitze reduzieren und 30 Minuten köcheln lassen. Hackbällchen dazugeben, zudecken und erneut aufkochen. Rühren Sie 1 bis 2 Esslöffel heiße Suppe in die Eimischung, dann rühren Sie die Eimischung in die Suppe.

e) Erhitzen und rühren, bis die Suppe leicht eingedickt ist, aber nicht kochen lassen.

70. Orientalischer Frikadellensalat

Zutat

- ½ Tasse Milch
- 2 Eier
- 3 Tassen weiche Semmelbrösel
- 1 Teelöffel Zwiebelsalz
- 1 Pfund Rinderhackfleisch
- 2 Teelöffel Erdnussöl
- 8¼ Unzen Ananasstücke
- 2 grüne Paprika
- 2 Karotten
- 2 Stangen Sellerie
- ½ Tasse brauner Zucker, verpackt
- 2 Esslöffel Maisstärke
- ½ Tasse trockener Weißwein, ½ Tasse Essig
- 2 Esslöffel Sojasauce
- 2 Tomaten, gespaltener & zerkleinerter Salat

Richtungen:

a) Eier und Milch verrühren, Semmelbrösel, Zwiebelsalz und $\frac{1}{8}$ TL Pfeffer einrühren. Hackfleisch dazugeben und gut vermischen. Masse zu Frikadellen formen. Frikadellen kochen.

b) Kombinieren Sie Ananasstücke, grüne Paprika, Karotten, Sellerie und Fleischbällchen; beiseite legen.

c) Kombinieren Sie in einem kleinen Topf braunen Zucker und Maisstärke; Tasse Ananasflüssigkeit, Wein, Essig und Sojasauce einrühren. Kochen und rühren, bis sie verdickt und sprudelnd sind. Gießen Sie die heiße Mischung über die Fleischbällchen-Mischung.

71. Mit Speck umwickelte Fleischbällchen

Zutat

- ½ Pfund Rinderhackfleisch
- ¼ Tasse kaltes Wasser
- 2 Teelöffel gehackte Zwiebeln
- ½ Teelöffel Salz
- ¼ Teelöffel Gewürzter Pfeffer
- 4 Scheiben Speck; quer halbieren

Richtungen:

a) Kombinieren Sie die ersten 5 Zutaten und mischen Sie sie gut; zu 8 Frikadellen formen. Speckstücke um die Fleischbällchen rollen und mit Zahnstochern fixieren.

b) bei mittlerer Hitze anbraten, bis der Speck knusprig und braun ist; Fett ablassen. Wenn die Fleischbällchen noch nicht fertig sind, abdecken und weitere 5 bis 7 Minuten köcheln lassen.

SCHWEINE- UND RINDFLEISCH-MIX

72. mEssbällchen in Sahnesauce

Zutat

- 8 Unzen mageres Rinderhackfleisch rund
- 8 Unzen magere gemahlene Schweine- oder Kalbsschulter
- 1 kleine gelbe Zwiebel; fein gehackt
- ½ Teelöffel Salz, schwarzer Pfeffer
- ¼ Teelöffel getrockneter Thymian; zerbröckelt
- ¼ Teelöffel Majoran oder Oregano; zerbröckelt
- ¼ Teelöffel gemahlene Muskatnuss
- 1½ Tasse frische Semmelbrösel
- 2 Esslöffel Butter
- 2 Esslöffel Allzweckmehl
- 1½ Tasse Rinderfond
- 2 Esslöffel geschnittener Dill -oder-
- 2 Teelöffel getrocknetes Dillkraut
- ½ Tasse schwere oder leichte Sahne

Richtungen:

a) In einer Schüssel Rind, Schwein, Zwiebel, Salz, Pfeffer, Thymian, Majoran, Muskatnuss, Semmelbrösel und Wasser mit den Händen mischen.

b) Mischung in 2-Zoll-Kugeln formen. Auf jeder Seite grillen oder bis sie leicht gebräunt sind.

c) Um die Sauce zuzubereiten, schmelzen Sie Butter in einer schweren 10-Zoll-Pfanne bei mäßiger Hitze. Mehl unterrühren, bis eine glatte Paste entsteht. Fleischbällchen in die Sauce geben.

d) Den Dill einrühren und die Sahne hinzufügen und rühren, bis die Sauce glatt ist, ca. 1 Minute. Paprika und Dill erröten. Mit Kartoffeln oder Butternudeln servieren.

73. Sopa de Albondigas

Zutat

- 1 gehackte Zwiebel
- 1 gehackte Knoblauchzehe
- 2 Esslöffel Öl
- $\frac{3}{4}$ Pfund Rinderhackfleisch
- $\frac{3}{4}$ Pfund Schweinehackfleisch
- $\frac{1}{3}$ Tasse roher Reis
- $1\frac{1}{2}$ Teelöffel Salz
- 4 Unzen Tomatensauce
- 3 Liter Rinderbrühe
- $\frac{1}{4}$ Teelöffel Pfeffer
- 1 leicht geschlagenes Ei
- 1 Esslöffel gehackte Minzblätter

Richtungen:

a) Welke Zwiebel und Knoblauch in Öl; Tomatensauce und Rinderfond hinzufügen. Bis zum Siedepunkt erhitzen.

b) Fleisch mit Reis, Ei, Minze, Salz und Pfeffer mischen; zu kleinen Kugeln formen.

c) In kochende Brühe geben. Fest abdecken und 30 Minuten kochen. Wird gut einfrieren.

74. Chipotle Vorspeise Frikadellen

Zutat

- 1 mittelgroße Zwiebel; gehackt
- 4 Knoblauchzehen; gehackt
- 1 Esslöffel Pflanzenöl
- 1 Tasse Tomatensauce
- 2 Tassen Rinderbrühe
- $\frac{1}{4}$ Tasse Chipotles Adobo zusammen mit der Sauce
- 1 Pfund Rinderhackfleisch
- 1 Pfund Schweinehack
- $\frac{1}{2}$ Tasse fein gehackte Zwiebel
- $\frac{1}{4}$ Tasse fein gehackter frischer Koriander
- $\frac{1}{2}$ Tasse Semmelbrösel
- 1 Ei; geschlagen
- Salz und frisch gemahlener schwarzer Pfeffer
- Pflanzenöl zum Braten

Richtungen:

a) Zwiebel und Knoblauch im Öl anschwitzen, bis sie leicht gebräunt sind. Fügen Sie die Tomatensauce, die Brühe und die Chipotle in Adobo-Sauce hinzu.

b) Rindfleisch, Schweinefleisch, Zwiebel, Koriander, Semmelbrösel, Ei mischen und mit Salz und Pfeffer würzen. Vorsichtig mischen und dann zu kleinen Frikadellen formen.

c) Gießen Sie ein paar Esslöffel Öl in einen schweren Topf und braten Sie die Fleischbällchen an.

75. Kalifornische Fleischbällchen & Paprika

Zutat

- 3 Esslöffel Olivenöl
- 1 große rote Paprika, entkernt, entkernt
- 1 große grüne Paprika, entkernt, entkernt
- 1 große gelbe Paprika, entkernt, entkernt
- 1 große Zwiebel, in Spalten geschnitten
- ⅓ Pfund Rinderhackfleisch
- ⅓ Pfund Schweinehackfleisch
- ⅓ Pfund Kalbshackfleisch
- 1 großes Ei
- ¼ Tasse feine trockene Semmelbrösel
- ¼ Tasse gehackte frische Petersilie
- 1 Teelöffel Fenchelsamen, zerdrückt
- 1¼ Teelöffel Salz
- ¼ Teelöffel schwarzer Pfeffer
- ½ Tasse entkernte schwarze Oliven, halbiert

Richtungen:

a) In einer 12-Zoll-Pfanne bei mittlerer Hitze 1 Esslöffel Olivenöl erhitzen; rote, grüne und gelbe Paprika und Zwiebel hinzufügen.

b) Kombinieren Sie Butcher's Blend, Ei, Semmelbrösel, Petersilie, Fenchelsamen, $\frac{1}{4}$ Teelöffel Salz und schwarzen Pfeffer.

c) Aus der Mischung $1\frac{1}{4}$"-Kugeln formen.

76. Deutsche Fleischbällchen

Zutat

- 1 Pfund Rindfleisch, gemahlen
- 1 Pfund Schweinefleisch, gemahlen
- 1 Zwiebel, gerieben
- ⅓ Tasse Semmelbrösel
- Prise Salz
- Prise Pfeffer
- Prise Muskatnuss
- 5 Eiweiß, steif geschlagen
- 3 Tassen Wasser
- 1 Zwiebel, fein geschnitten
- 4 Lorbeerblätter
- 1 Esslöffel Zucker
- 1 Teelöffel Salz
- ½ Teelöffel Piment & Pfefferkörner
- ¼ Tasse Estragon-Essig
- 1 Esslöffel Mehl

- 5 Eigelb, geschlagen
- 1 Zitrone, in Scheiben geschnitten
- Kapern

Richtungen:

a) FLEISCHBÄLLCHEN: Alle Zutaten mischen, zuletzt geschlagenes Eiweiß hinzufügen. Zu Kugeln formen.

b) SAUCE: Kochen Sie zuerst 6 Zutaten 30 Minuten. Beanspruchung; zum Siedepunkt bringen, Fleischbällchen dazugeben und 15 Minuten köcheln lassen.

c) Nehmen Sie die Fleischbällchen auf eine heiße Platte und halten Sie sie heiß. Essig in Flüssigkeit geben.

77. Skandinavische Frikadellen

Zutat

- Basis-Fleischbällchen-Mischung
- $\frac{1}{8}$ Teelöffel Kardamom; Boden
- 1 Esslöffel Pflanzenöl
- $1\frac{1}{4}$ Tasse servierfertige Rinderbrühe
- $\frac{1}{4}$ Teelöffel Dillkraut
- 1 Esslöffel Maisstärke
- 2 Esslöffel trockener Weißwein
- 2 Tassen Nudeln; gekocht

Richtungen:

a) Kombinieren Sie die Zutaten der Basis-Fleischbällchen-Mischung mit Kardamom und mischen Sie sie leicht, aber gründlich. Aus der Masse 12 Frikadellen formen.

b) Fleischbällchen in heißem Öl in einer großen Pfanne bei mittlerer Hitze anbraten. Tropfen abgießen. Fügen Sie Rinderbrühe und Dillkraut zu den

Fleischbällchen in der Pfanne hinzu und rühren Sie um.

c) Zum Kochen bringen; Hitze reduzieren. Fest zudecken und 20 Minuten köcheln lassen. Maisstärke in Weißwein auflösen. In die Pfanne geben und unter ständigem Rühren weiterkochen, bis sie eingedickt ist.

78. Belgische Frikadellen in Bier geschmort

Zutat

- 1 Tasse frische Weißbrotbrösel
- $\frac{1}{4}$ Tasse Milch
- 1 Pfund Rinderhackfleisch, mager
- $\frac{1}{2}$ Pfund Schweine- oder Kalbfleisch
- 1 großes Ei
- Gemüse & Gewürze
- Speiseöl
- 2 Esslöffel Petersilie, frisch; Garnierung

Richtungen:

a) Um Fleischbällchen zuzubereiten, weichen Sie die Semmelbrösel in Milch ein, bis sie vollständig befeuchtet sind; mit den Händen trocken drücken.

b) Semmelbrösel, Hackfleisch, Eier, Schalotten, Petersilie, Salz, Pfeffer und Muskatnuss in einer mittelgroßen Schüssel mischen.

c) Aus der Mischung 6 bis 8 Kugeln oder Pastetchen formen (2 Zoll im Durchmesser und $\frac{1}{2}$ Zoll dick); mit 2 EL Mehl bestäuben.

d) Butter und Öl in einem tiefen, schweren Schmortopf bei starker Hitze erhitzen, bis sie heiß sind, aber nicht rauchen. Fleischbällchen hinzufügen; 5 Minuten braten, bis sie von allen Seiten gebräunt sind, dabei darauf achten, dass die Butter nicht anbrennt. Entfernen Sie die Fleischbällchen auf die Platte; warm halten.

TÜRKEI & HÜHNERFLEISCHBÄLLCHEN

79. Gebackene Rigatoni & Frikadellen

Zutat

- 3½ Tasse Rigatoni-Nudeln
- 1⅓ Tasse Mozzarella, zerkleinert
- 3 EL Parmesan, frisch gerieben
- 1 Pfund magerer gemahlener Truthahn

Richtungen:

a) Fleischbällchen: In einer Schüssel das Ei leicht schlagen; Zwiebel, Krümel, Knoblauch, Parmesan, Oregano, Salz und Pfeffer untermischen. Truthahn untermischen.

b) Aus gehäuften Esslöffeln Kugeln formen.

c) In einer großen Pfanne das Öl bei mittlerer Hitze erhitzen; Fleischbällchen, falls nötig, portionsweise 8-10 Minuten garen oder bis sie von allen Seiten gebräunt sind.

d) Zwiebel, Knoblauch, Pilze, grüne Paprika, Basilikum, Zucker, Oregano, Salz, Pfeffer und Wasser in die Pfanne geben; Bei mittlerer Hitze unter gelegentlichem

Rühren etwa 10 Minuten kochen lassen oder bis das Gemüse weich ist. Tomaten und Tomatenmark einrühren; zum Kochen bringen. Fleischbällchen hinzufügen

e) In der Zwischenzeit in einem großen Topf mit kochendem Salzwasser Rigatoni kochen. In eine 11x7-Zoll-Auflaufform oder einen flachen 8-Tassen-Ofenauflauf geben.

f) Mozzarella, dann Parmesan gleichmäßig darüberstreuen. Backen

80. Gebackene Penne mit Putenfleischbällchen

Zutat

- 1 Pfund gemahlener Truthahn
- 1 große Knoblauchzehe; gehackt
- ¾ Tasse frische Semmelbrösel
- ½ Tasse fein gehackte Zwiebel
- 3 Esslöffel Pinienkerne; getoastet
- ½ Tasse gehackte frische Petersilienblätter
- 1 großes Ei; leicht geschlagen
- 1 Teelöffel Salz
- 1 Teelöffel schwarzer Pfeffer
- 4 Esslöffel Olivenöl
- 1 Pfund Penne
- 1½ Tasse grob geriebener Mozzarella-Käse
- 1 Tasse frisch geriebener Romano-Käse
- 6 Tassen Tomatensauce
- 1 Behälter; (15 oz) Ricotta-Käse

Richtungen:

a) In einer Schüssel Truthahn, Knoblauch, Semmelbrösel, Zwiebel, Pinienkerne, Petersilie, Ei, Salz und Pfeffer gut verrühren und zu Frikadellen formen & kochen.

b) Nudeln kochen

c) In einer kleinen Schüssel Mozzarella und Romano vermischen. Etwa $1\frac{1}{2}$ Tassen Tomatensauce und die Hälfte der Fleischbällchen in die vorbereitete Schüssel geben und die Hälfte der Nudeln darauf geben.

d) Die Hälfte der restlichen Sauce und die Hälfte der Käsemischung über die Nudeln verteilen. Mit den restlichen Frikadellen belegen und Ricottaklumpen über die Frikadellen geben. Penne in der Mitte des Ofens 30 bis 35 Minuten backen.

81. Fleischbällchen und Abkürzung Makkaroni

Zutat

- 1 Zwiebel fein geschnitten
- 1 Tasse gewürfelter Sellerie
- 2 Karotten; Schneiden Sie nach Belieben, bis zu 3
- 2 Esslöffel Tomatenpüree
- 3 Tassen Wasser
- Salz
- Pfeffer
- Lorbeerblatt
- 2 Esslöffel Öl; bis zu 3
- 1 Pfund Hackfleisch; (das Beste ist Truthahn)
- 1 Scheibe Chala eingeweicht; abgetropft und püriert
- 3 Eier
- Etwas Mehl

Richtungen:

a) Soße: In einem großen Topf das Öl erhitzen, Zwiebel, Sellerie, Karotten, Tomatenmark, Wasser und Gewürze dazugeben und köcheln lassen. In der Zwischenzeit die Frikadellen vorbereiten.

b) Fleischbällchen: Kombinieren und etwa 12-14 Fleischbällchen formen. In Mehl wälzen und in die kochende Soße geben. 40 Minuten auf kleiner Flamme kochen. Stellen Sie sicher, dass Sie genügend Flüssigkeit haben, die Sie für die Makkaroni benötigen.

c) Kochen Sie 250-400 ($\frac{1}{2}$-$\frac{2}{3}$ Pfund) Short Cut Makkaroni für $\frac{2}{3}$ der empfohlenen Zeit. 20-30 heiß backen

82. Norwegische Hühnerfleischbällchen

Zutat

- 1 Pfund gemahlenes Hühnchen
- 4½ Teelöffel Maisstärke; geteilt
- 1 großes Ei
- 2¼ Tasse Hühnerbrühe; geteilt
- ¼ Teelöffel Salz
- ½ Teelöffel frisch abgeriebene Zitronenschale
- 2 Esslöffel Gehackter frischer Dill; geteilt
- 4 Unzen Gjetost-Käse; in 1/4 Zoll Würfel schneiden
- 4 Tassen heiße gekochte Eiernudeln

Richtungen:

a) Ei schlagen; fügen Sie eine knappe ¼ Tasse Brühe und 1¼ Teelöffel Maisstärke hinzu. Rühren, bis es glatt ist. Fügen Sie Zitronenschale und 1 Esslöffel frischen Dill hinzu. Fügen Sie dieser Mischung gemahlenes Hühnchen hinzu.

b) Bringen Sie zwei Tassen Brühe in einer 10- oder 12-Zoll-Bratpfanne zum Köcheln.

c) Geben Sie einen Esslöffel Hühnchenmischung vorsichtig in die köchelnde Brühe.

d) Soße vorbereiten: Restlichen 1 Esslöffel Maisstärke in 2 Esslöffel kaltem Wasser mischen. In die köchelnde Brühe einrühren und einige Minuten kochen lassen, bis sie etwas eingedickt ist. Käsewürfel dazugeben und ständig umrühren, bis der Käse schmilzt.

e) Während das Huhn kocht, bereiten Sie die Nudeln vor und halten Sie sie heiß.

f) Hähnchenbällchen wieder in die Sauce geben.

83. Putenfleischbällchen Spaghetti

Zutat

- ¾ Pfund gemahlene Putenbrust ohne Haut oder gemahlener Truthahn

- ¼ Tasse zerkleinerte Karotten

- ¼ Tasse gehackte Zwiebel

- ¼ Tasse trockene Semmelbrösel

- 1 Esslöffel gehacktes frisches Basilikum ODER 1 Teelöffel getrocknete Basilikumblätter

- 2 Esslöffel Magermilch

- $\frac{1}{2}$ Teelöffel Salz; wenn gewünscht

- $\frac{1}{4}$ Teelöffel Pfeffer

- 1 Knoblauchzehe; zerquetscht

- 3 Tassen zubereitete Spaghettisauce

- 2 Tassen heiß gekochte Spaghetti oder Spaghettikürbis

- Geriebener Parmesankäse; wenn gewünscht

Richtungen:

a) In einer mittelgroßen Schüssel gemahlenen Truthahn, Karotten, Zwiebeln, Semmelbrösel, Basilikum, Milch, Salz, Pfeffer und Knoblauch mischen; gut mischen. Die Truthahnmischung zu I-Zoll-Kugeln formen.

b) In einem großen Topf Fleischbällchen und Sauce mischen. Abdeckung; Bei mittlerer Hitze 10 bis 15 Minuten kochen, bis die Fleischbällchen in der Mitte nicht mehr rosa sind, dabei gelegentlich umrühren.

c) Mit gekochten Spaghetti oder Spaghettikürbis servieren. Mit Parmesankäse belegen.

84. Französische Frikadellen

Zutat

- 1 Pfund gemahlenes Hühnchen oder Truthahn
- ½ Tasse Semmelbrösel
- 1 Ei
- 1 Teelöffel Petersilienflocken
- ½ Teelöffel Zwiebelpulver
- ¼ Teelöffel Salz
- ⅛ Teelöffel Pfeffer
- ⅛ Teelöffel Muskatnuss
- 2 Esslöffel Pflanzenöl
- 1 Glas Hühnchen-Kochsauce
- ¼ Teelöffel Salz
- ¼ Teelöffel Pfeffer
- 1½ Tasse gefrorene Erbsen
- ½ Tasse Sauerrahm
- 8 Unzen breite Eiernudeln, gekocht und abgetropft

Richtungen:

a) In einer großen Schüssel gemahlenes Hühnchen, Semmelbrösel, Ei, Petersilie, Zwiebelpulver, $\frac{1}{4}$ Teelöffel Salz, $\frac{1}{8}$ Teelöffel Pfeffer und Muskatnuss vermischen. $1\frac{1}{2}$" Frikadellen formen.

b) Fleischbällchen von allen Seiten in Pflanzenöl anbraten; Fett ablassen. Sauce, $\frac{1}{4}$ Teelöffel Salz, $\frac{1}{8}$ Teelöffel Pfeffer und Erbsen hinzufügen.

c) Zugedeckt 30 Minuten köcheln lassen oder bis die Fleischbällchen gründlich gekocht sind; gelegentlich umrühren. Saure Sahne hinzufügen.

85. Pute und gefüllte Frikadellen

Zutat

- ½ Tasse Milch
- 1 Ei
- 1 Tasse Maisbrot-Füllungsmischung
- ¼ Tasse fein gehackter Sellerie
- 1 Teelöffel Trockener Senf
- 1 Pfund gemahlener Truthahn
- 1 16-Unzen-Dose Cranberry-Sauce in Gelee
- 1 Esslöffel brauner Zucker
- 1 Esslöffel Worcestershiresauce

Richtungen:

a) Ofen auf 375 Grad F erhitzen. In einer großen Schüssel Milch und Ei mischen; Gut schlagen.

b) Füllmischung, Sellerie und Senf einrühren; gut mischen. Truthahn hinzufügen; gut mischen.

c) Zu 48 (1-Zoll) Kugeln formen. In eine ungefettete 15x10x1-Zoll-Backform geben.

d) Bei 375 Grad 20 bis 25 Minuten backen oder bis die Fleischbällchen gebräunt und in der Mitte nicht mehr rosa sind.

e) In der Zwischenzeit in einem großen Topf alle Saucen-Zutaten kombinieren; gut mischen. Bei mittlerer Hitze zum Kochen bringen. Reduzieren Sie die Hitze auf niedrig; 5 Minuten köcheln lassen, dabei gelegentlich umrühren. Fügen Sie der Soße Fleischbällchen hinzu; vorsichtig umrühren, um zu beschichten.

86. Mit Käse gefüllte Fleischbällchen

Zutat

- 1 Esslöffel Olivenöl
- 2 Esslöffel Zwiebelwürfel
- 8 Unzen mageres Rinderhackfleisch oder Truthahn
- 1 Esslöffel Sojasauce
- ¼ Teelöffel getrockneter Salbei
- 4 Unzen Cheddar oder Schweizer Käse; in 8 Würfel schneiden

Richtungen:

a) Den Ofen auf 325F vorheizen.

b) Eine flache Backform mit etwas Olivenöl oder Pfannenspray einfetten.

c) Das Öl in einer Pfanne bei mäßiger Hitze erhitzen, bis es heiß ist, aber nicht raucht. Fügen Sie die Zwiebel hinzu und braten Sie sie etwa 10 Minuten an, bis sie goldbraun ist.

d) Zwiebel, Rindfleisch, Sojasauce und Salbei mischen. Teilen Sie die Mischung in acht Portionen auf. Nehmen Sie ein Stück Käse und bedecken Sie es mit einer Portion der Mischung, um eine Fleischbällchenform zu bilden. Wiederholen, um insgesamt acht Frikadellen zu formen.

e) Die Hackbällchen in die geölte Pfanne geben und 30 Minuten backen.

87. Hähnchensalatbällchen

Zutat

- 1 Tasse gehacktes Hühnchen
- 1 Esslöffel gehackte Zwiebel
- 2 Esslöffel Piment; gehackt
- ½ Tasse Mayonnaise
- 1 Tasse gehackte Pekannüsse

Richtungen:

a) Alles verrühren und gut vermischen. 4 Stunden kalt stellen.

b) Zu einer 1-Zoll-Kugel formen.

SCHWEINEFLEISCHBÄLLCHEN

88. Mozzarella-Krapfen und Spaghetti

Zutat

- 2 Knoblauchzehen
- 1 Bund frische Petersilie
- 3 Salatzwiebeln; dünn geschnitten
- 225 Gramm mageres Schweinehack
- 2 Esslöffel frisch geriebener Parmesan
- 1 Esslöffel Olivenöl
- 150 Gramm Spaghetti oder Tagliatelle
- 100 Milliliter Scharfe Rinderbrühe
- 1 400 Gramm Dose gehackte Tomaten
- 1 Prise Zucker & 1 Schuss Sojasauce
- Salz und Pfeffer
- 1 Ei
- 1 Esslöffel Olivenöl
- 75 Milliliter Milch
- 50 Gramm einfaches Mehl
- 150 Gramm Geräucherter Mozzarella

- Sonnenblumenöl; zum Braten
- 1 Zitrone

Richtungen:

a) Den Knoblauch zerdrücken und die Petersilie fein hacken. Hackfleisch, Salatzwiebeln, Knoblauch, Parmesan, Petersilie und reichlich Salz und Pfeffer vermischen.

b) Acht feste Kugeln formen.

c) Die Fleischbällchen garen, bis sie gut gebräunt sind. Gießen Sie die Brühe ein.

d) Die Nudeln in einem großen Topf mit kochendem Salzwasser kochen.

89. Walisische gegrillte Fleischbällchen

Zutat

- 1 Pfund Schweineleber
- 2 Pfund mageres Schweinehackfleisch
- 4 Unzen (1/2 Tasse) Semmelbrösel
- 2 Fein gehackte große Zwiebel
- 2 Teelöffel Salbei
- 2 Teelöffel Thymian
- 2 Teelöffel getrocknete Petersilie
- 1 Prise Muskatnuss
- Salz und Pfeffer nach Geschmack
- 3 Unzen Suet
- Mehl zum Bestäuben

Richtungen:

a) Die Leber fein hacken (einfacher, wenn sie gefroren ist) und mit Wasser abspülen.

b) Hackfleisch, Semmelbrösel, Zwiebeln, Salbei, Thymian, Petersilie, Muskatnuss sowie Salz und Pfeffer dazugeben. Etwas Mehl auf den Boden einer Schüssel geben, Talg hinzugeben und leicht bestreichen.

c) Zu Bällchen formen, die größer als eine Frikadelle, aber kleiner als ein Tennisball sind. Verwenden Sie ein Antihaft-Kochspray, um eine besprühte ofenfeste Form von 12 Zoll im Quadrat zu fetten. Fleischbällchen in eine Schüssel geben und mit Alufolie abdecken. Im vorgeheizten Backofen bei 400 Grad 40 Minuten backen.

d) Folie entfernen und Fett abtropfen lassen. Verdicken Sie das Fett mit Mehl oder Maisstärke zu einer Soße, fügen Sie jeweils etwa 1 Teelöffel Verdickungsmittel hinzu, um die gewünschte Konsistenz zu erhalten, und gießen Sie etwas Soße um das Fleisch.

90. Knusprige deutsche Frikadellen

Zutat

- ½ Pfund Hackfleischwurst
- ¼ Tasse Zwiebel, gehackt
- 1 Dose 16 Oz Sauerkraut, abtropfen lassen & gehackt
- 2 EL Semmelbrösel, trocken & fein
- 1 Packung Frischkäse, einweichen
- 2 Esslöffel Petersilie
- 1 Teelöffel zubereiteter Senf
- ¼ Teelöffel Knoblauchsalz
- ⅛ Teelöffel Pfeffer
- 1 Tasse Mayo
- ¼ Tasse zubereiteter Senf
- 2 Eier
- ¼ Tasse Milch
- ½ Tasse Mehl
- 1 Tasse Semmelbrösel, fein

- Gemüse Öl

Richtungen:

a) Kombinieren Sie Wurst & Zwiebel in Pfanne & Paniermehl.

b) Kombinieren Sie Käse und die nächsten 4 Zutaten in einer Schüssel; Wurstmasse dazugeben, gut umrühren.

c) Aus der Wurstmasse " Kugeln formen; in Mehl wälzen. Jede Kugel in die beiseite gestellte Eiermischung tauchen; Kugeln in Semmelbröseln wälzen.

d) Gießen Sie das Öl bis zu einer Tiefe von 5 cm in den Ofen und erhitzen Sie es auf 375 Grad. Braten Sie es goldbraun.

91. Mexikanische Fleischbällchen

Zutat

- 500 Gramm Hackfleisch; (1 Pfund)
- 500 Gramm Hackfleisch vom Schwein; (1 Pfund)
- 2 Knoblauchzehen; zerquetscht
- 50 Gramm frische weiße Semmelbrösel; (2 Unzen)
- 1 Esslöffel frisch gehackte Petersilie
- 1 Ei
- Salz und frisch gemahlener schwarzer Pfeffer
- 2 Esslöffel Öl
- 1 275-Gramm-Glas Taco-Relish
- 50 Gramm Cheddar-Käse; gerieben (2oz)

Richtungen:

a) Fleisch und Knoblauch, Semmelbrösel, Petersilie, Ei und Gewürze mischen und zu 16 Kugeln formen.

b) Das Öl in einer Pfanne erhitzen und die Fleischbällchen portionsweise anbraten, bis sie rundum braun sind.

c) In eine ofenfeste Form geben und über das Taco-Relish gießen. Abdecken und im vorgeheizten Backofen bei 180 °C, 350 °F, Gas Stufe 4 30 Minuten garen.

d) Den geriebenen Käse darüberstreuen und wieder offen in den Ofen schieben und weitere 30 Minuten weitergaren.

92. mBällchen in Traubengelee essen

Zutat

- 1 Tasse Semmelbrösel; Sanft
- 1 Tasse Milch
- 2 Pfund Rinderhackfleisch
- ¾ Pfund Schweinehackfleisch; mager
- ½ Tasse Zwiebel; fein gehackt
- 2 Eier; geschlagen
- 2 Teelöffel Salz
- 1 Teelöffel Pfeffer
- ½ Teelöffel Muskatnuss
- ½ Teelöffel Piment
- ½ Teelöffel Kardamom
- ¼ Teelöffel Ingwer
- 2 Esslöffel Speckbraten; oder Salatöl
- 8 Unzen Traubengelee

Richtungen:

a) Semmelbrösel eine Stunde in Milch einweichen. Hackfleisch, Schweinefleisch und Zwiebel mischen. Eier, Milch, Semmelbrösel-Mischung hinzufügen. Salz, Pfeffer und Gewürze hinzufügen.

b) Gut vermischen und mit einer Gabel aufschlagen. Ein bis zwei Stunden kalt stellen. Zu kleinen Kugeln formen, in Mehl wälzen und in Speckstreifen oder Öl anbraten. Schütteln Sie die Pfanne oder die schwere Pfanne, um die Fleischbällchen in heißem Fett zu rollen.

c) Mit 1 großen Glas Traubengelee in einen Topf geben und eine Stunde lang auf LANGSAM kochen.

93. Scharfe Thai-Frikadellen mit Nudeln

Zutat

- 1 Pfund Schweinehack
- 1 großes Ei
- ½ Tasse trocken geröstete Erdnüsse, fein gehackt
- ¼ Tasse gehackter frischer Koriander oder Petersilie
- ¾ Teelöffel Salz
- 1 3/4 oz Packung Zellophannudeln

- ½ Tasse Erdnussbutter nach Chunk-Art
- 1 Esslöffel abgeriebene Zitronenschale
- ¼ Teelöffel gemahlener roter Cayennepfeffer
- 1 kleine Gurke, in Scheiben geschnitten
- 1 kleine Karotte, geschält und in dünne Scheiben geschnitten oder in dünne Stifte geschnitten
- Pflanzenöl frischer Koriander oder Petersilienzweige,

Richtungen:

a) Kombinieren Sie Schweinefleisch, Ei, gemahlene Erdnüsse, gehackten Koriander und Salz.

b) Mischung in 1" Kugeln formen. In 12" Pfanne bei mittlerer Hitze 2 Esslöffel Öl erhitzen; Hackbällchen hinzufügen. 12 Minuten braten, dabei häufig wenden, bis sie von allen Seiten gut gebräunt sind.

c) Währenddessen Nudeln hinzufügen.

d) Wenn die Fleischbällchen gekocht sind, Erdnussbutter, geriebene Zitronenschale und gemahlene rote Paprika unterrühren.

94. Asiatische Frikadellensuppe

Zutat

- 2 Liter Hühnerbrühe
- ¼ Pfund Schweinehackfleisch
- 1 Esslöffel gehackte Frühlingszwiebeln
- 1 Esslöffel Sojasauce
- 1 Teelöffel fein gehackter Ingwer
- 1 Teelöffel Sesamöl

Garnelenbrötchen:

- ¼ Pfund gemahlene Garnelen
- ½ Tasse Cellophan-Nudeln, gekocht
- 1½ Teelöffel Sojasauce
- 1 Teelöffel gehackte Frühlingszwiebeln
- 1 Teelöffel gehackter Knoblauch
- 6 Napa Kohlblätter
- 6 Lange Frühlingszwiebelgrün
- Gehackte Frühlingszwiebeln, zum Garnieren

Richtungen:

a) In einem Suppentopf die Hühnerbrühe langsam zum Köcheln bringen. Machen Sie Fleischbällchen: Kombinieren Sie die Zutaten und formen Sie -Zoll-Bällchen.

b) Garnelenbrötchen herstellen: Garnelen und die nächsten 4 Zutaten mischen. Kohlblätter auslegen, $1\frac{1}{2}$ Esslöffel Füllung in die Mitte häufen und wie eine Frühlingsrolle zusammenklappen; mit einer Frühlingszwiebel fest binden.

c) Fleischbällchen und Garnelenröllchen vorsichtig in die köchelnde Brühe geben. 15 Minuten auf niedriger Stufe köcheln lassen.

d) Einige gehackte Frühlingszwiebeln in einen Suppentopf geben, würzen und servieren.

95. Italienisches Fleischbällchen-Sandwich

Zutat

- 1 Pfund Geschliffenes Rund oder geschliffenes Spannfutter
- ½ Pfund Schweinehackfleisch
- 1½ Tasse geriebener Käse
- 2 Tassen feine trockene Semmelbrösel
- Handvoll getrocknete, zerkleinerte Petersilie
- 2 Eier
- ¾ Tasse Milch
- Salz Pfeffer
- 1 Liter Tomatensauce & 1 kleine Dose Tomatenmark
- 1 Pint Ganze Tomaten, zerdrückt
- Rotwein
- Pökelfleisch
- Salz, Pfeffer, Knoblauchsalz nach Geschmack

- Trockenes süßes Basilikum, Trockener Majoran

- 4 Knoblauchzehen, gehackt

Richtungen:

a) Bereite die Soße vor

b) Zubereitung der Frikadellen: Alle Zutaten außer der Milch in eine große Schüssel geben und gut vermischen.

c) Eine kleine Portion der Fleischmischung zu einer Kugel von etwa 5 cm Durchmesser formen. Diese außen zu einer schönen Kruste anbraten.

96. Dänische Fleischbällchen

Zutat

- ½ Pfund Kalbfleisch
- ½ Pfund Schweinefleisch
- 1 Gramm Zwiebel
- 2 Tassen Milch
- Pfeffer nach Geschmack
- 2 Esslöffel Mehl oder 1 Tasse Semmelbrösel
- 1 Ei
- Salz nach Geschmack

Richtungen:

a) Kalbs- und Schweinefleisch zusammen 4 oder 5 Mal durch ein Mahlwerk geben. Mehl oder Semmelbrösel, Milch, Ei, Zwiebel, Salz und Pfeffer hinzufügen. Gründlich mischen.

b) Von einem großen Esslöffel auf eine Pfanne geben und bei schwacher Hitze braten.

c) Mit gebräunter Butter, Kartoffeln und gedünstetem Kohl servieren.

97. Indonesische Fleischbällchen

Zutat

- 500 Gramm Hackfleisch vom Schwein
- 1 Teelöffel geriebene frische Ingwerwurzel
- 1 Zwiebel; sehr fein gehackt
- 1 Ei; geschlagen
- ½ Tasse frische Semmelbrösel
- 1 Esslöffel Öl
- 1 Zwiebel; gewürfelt
- 1 Knoblauchzehe; zerquetscht
- 1 Teelöffel geriebene frische Ingwerwurzel
- ¼ Teelöffel Koriander gemahlen
- 1 Dose Nestlé Reduzierte Creme
- 2 Esslöffel feine Kokosnuss
- 4 Teelöffel Sojasauce
- ¼ Tasse knusprige Erdnussbutter

Richtungen:

a) Hackfleisch, Ingwerwurzel, Zwiebel, Ei und Semmelbrösel mischen. Gut mischen.

b) Die Fleischbällchen dazugeben und braten, bis sie rundum goldbraun sind.

c) Die Butter in die Pfanne geben. Fügen Sie die Zwiebel hinzu und kochen Sie für 2-3 Minuten.

d) Knoblauch, Ingwer-Wurzel-Curry-Pulver und gemahlenen Koriander unterrühren.

e) Fügen Sie das reduzierte Ries, Wasser und die Kokosnuss hinzu. Rühren Sie, bis es glatt ist, und fügen Sie dann die Sojasauce und die Erdnussbutter hinzu. Fleischbällchen hinzufügen.

98. Hamburger-Bällchen mit Süßkartoffeln

Zutat

- 2 Tassen gemahlener Schinken; (ungefähr 1/2 Pfund)
- $\frac{1}{2}$ Pfund Bodenfutter
- 1 Tasse Vollkornbrotbrösel
- 1 Ei; geschlagen
- $\frac{1}{4}$ Tasse gehackte Zwiebel
- 2 Esslöffel gesalzene Sonnenblumenkerne -ODER-
- $\frac{1}{2}$ Teelöffel Salz
- 2 Dosen (je 23 Unzen) Süßkartoffeln; abgetropft und in Würfel geschnitten
- $\frac{1}{2}$ Tasse dunkler Maissirup
- $\frac{1}{2}$ Tasse Apfelsaft oder Ananassaft
- $\frac{1}{4}$ Teelöffel Muskatnuss
- 1 Esslöffel Maisstärke

Richtungen:

a) Hackfleisch, Semmelbrösel, Ei, Zwiebel und Sonnenblumenkerne gründlich mischen.

b) 12 bis 16 Frikadellen formen. Auf den Rost in die Grillpfanne legen. Fleischbällchen im vorgeheizten Backofen bei 425 Grad 15 Minuten backen.

c) Legen Sie Yamswurzeln in Crock-Pot. Maissirup, Saft und Muskatnuss mischen und die Hälfte über die Yamswurzeln gießen. Die gebräunten Fleischbällchen über die Süßkartoffeln legen und mit der restlichen Sauce bedecken. Abdecken und auf niedriger Stufe 5 bis 6 Stunden garen.

d) Übertragen Sie Fleischbällchen in eine Servierschale; Die Süßkartoffeln in eine Servierschüssel geben und warm halten. Maisstärke in die Sauce einrühren. Abdecken und auf hoher Stufe kochen, bis sie eingedickt ist; Vor dem Servieren über die Süßkartoffeln gießen.

99. Ingwer Frikadellen und Brunnenkresse Suppe

Zutat

- 1 Dose (8 Unzen) Wasserkastanien
- 1 Pfund fein gemahlenes mageres Schweinefleisch
- 4½ Teelöffel geschälter und gehackter frischer Ingwer
- 1 gemahlener weißer Pfeffer, nach Geschmack
- 1½ Teelöffel Sojasauce
- 2⅛ Teelöffel Maisstärke
- Salz nach Geschmack
- 5 Tassen Gemüsebrühe
- 5 Tassen Hühnerbrühe
- 1 Salz
- 1 frisch gemahlener schwarzer Pfeffer
- 2 Bund Brunnenkresse, gehackt
- 3 Frühlingszwiebeln, fein gehackt

Richtungen:

a) Frikadellen: 12 der Wasserkastanien fein hacken. Die restlichen zum Garnieren aufbewahren. Schweinefleisch, Ingwer, gehackte Wasserkastanien, Sojasauce, Maisstärke, Salz und Pfeffer mischen. Gut mischen und zu Kugeln mit einem Durchmesser von Zoll formen.

b) Suppe: Gemüsebrühe und Hühnerbrühe in einem großen Topf zum Köcheln bringen. Ein Viertel der Frikadellen in die Brühe geben und pochieren, bis sie oben aufgehen.

c) Mit Salz und schwarzem Pfeffer abschmecken. Hitze auf mittlere Stufe stellen. Brunnenkresse und Frühlingszwiebeln hinzufügen.

d) Ohne Deckel einige Minuten kochen, bis die Brunnenkresse leicht zusammengefallen ist.

100. Dänische Frikadellen mit Gurkensalat

Zutat

- 1½ Pfund Kalbs- und Schweinefleisch
- 1 Zwiebel
- 2 Esslöffel Mehl
- 2 Esslöffel Semmelbrösel; trocken
- 2 Eier
- Salz Pfeffer

Für Gurkensalat

- 1 Gurke
- 2 Tassen Essig
- 2 Tassen Zucker
- 2 Tassen Wasser
- Salz Pfeffer

Richtungen:

a) Kalbs- und Schweinehackfleisch in eine Schüssel geben, Ei, Mehl und trockene Semmelbrösel hinzufügen.

b) Mischen Sie zusammen, und die Mischung in fein gehackte Zwiebel. Mit Salz und Pfeffer abschmecken. Butter in eine heiße Pfanne geben.

c) Frikadellen anbraten. Mit dänischem Schwarzbrot und Butter und Gurkensalat servieren.

FAZIT

Die meisten von uns verbinden Fleischbällchen mit den Klassikern der italienisch-amerikanischen Küche: langsam gedünstete Marinara-Sauce, die die nach Oregano duftenden Bällchen überzieht und auf Spaghetti gestapelt wird. Aber auch in der Küche anderer Kulturen, vom Nahen Osten bis Südostasien, tauchen Fleischbällchen auf. Schließlich verwendet eine Frikadelle oft weniger wünschenswerte Fleischstücke – solche, die fein gehackt und eine Vielzahl von Zusatzstoffen benötigt werden, um richtig genossen zu werden – und so haben Köche weltweit erkannt, dass sie eine ideale Möglichkeit sind, zusätzliche Stücke zähen zu verwenden , fette Schweineschulter.

Welche Geschmacksrichtungen Sie auch immer suchen, kann wahrscheinlich an die Rezeptur von Fleisch, Brot, Ei und Salz angepasst werden. Tatsächlich braucht man das Fleisch nicht einmal für eine Frikadelle.

Wir haben einen Gemüseball, auf den wir wirklich stolz sind!

www.ingramcontent.com/pod-product-compliance
Lightning Source LLC
Chambersburg PA
CBHW070505120526
44590CB00013B/755